PARTI SOCIALISTE
(Section Française de l'Internationale Ouvrière)

XXVIe CONGRÈS NATIONAL

9-12 JUIN 1929

NANCY

RAPPORTS

PRIX : 4 FRANCS

PARIS

LIBRAIRIE POPULAIRE

12, Rue Feydeau, 12

—

1929

PARTI SOCIALISTE
(Section Française de l'Internationale Ouvrière)

❧ ❧ ❧

XXVIᵉ CONGRÈS NATIONAL

9-12 JUIN 1929

NANCY

RAPPORTS

PARIS

LIBRAIRIE POPULAIRE

12, Rue Feydeau, 12

—

1929

RAPPORT ADMINISTRATIF

présenté par J.-B. SÉVERAC

Secrétaire adjoint du Parti

DU CONGRÈS DE TOULOUSE AU CONGRÈS DE NANCY

I

XXVᵉ CONGRÈS NATIONAL

(Toulouse 26-27-28-29-30 Mai 1928)

Ordre du jour :

L'ordre du jour du 25e Congrès national, tenu à Toulouse du 26 au 30 Mai 1928, a comporté les questions suivantes :

1º *Rapports statutaires :*

(Secrétariat, Trésorerie, Contrôle, Conflits, Groupes parlementaires, Délégation à l'I. O. S., *Populaire.*)

2º *La Situation politique et l'attitude du Parti.*

3º *Examen de l'ordre du jour du Congrès de l'Internationale.*

4º *Renouvellement des organismes centraux.*

Politique générale.

A l'unanimité moins une voix et deux abstentions, le Congrès vote à mains levées la résolution suivante :

Réunis au lendemain d'une lutte électorale qu'il a menée dans tout le pays contre les forces coalisées de la réaction capitaliste, le Parti enregistre avec orgueil les résultats de la victoire qu'il a remportée et qui s'est traduite à la fois par le nombre de ses candidats, le chiffre de voix recueillies par lui et le nombre des sièges qu'il a conquis au Palais-Bourbon.

Le retentissement de cette victoire lui facilite en même temps qu'elle lui impose le renforcement de sa propagande dans le pays.

Le Parti constate, avec la même satisfaction et la même fierté, le contraste qu'à l'heure présente on peut constater entre lui et tous les partis bourgeois, en train de chercher quelle place ils prendront dans la majorité parlementaire où leur ambition, leurs tâtonnements, leurs palinodies ne les ont pas d'avance classés nettement.

Le Parti socialiste, au contraire, savait avant les élections, et sait après, quel est son but et quel est le sens de sa marche.

*
**

Les deux faits les plus saillants de la campagne électorale ont été le maintien des candidats bolchevistes au second tour et la défaillance du radicalisme.

En se maintenant au second tour, les bolcheviks ont déterminé l'échec d'une trentaine de candidats socialistes et d'une vingtaine de candidats radicaux-socialistes. Ils ont ainsi consolidé la majorité d'Union nationale de la nouvelle Chambre et diminué la force numérique de l'opposition parlementaire. Ils ont montré à quel point nous avions raison, lorsque nous leur faisions grief de travailler à la division du prolétariat et de favoriser, par là-même, les desseins des pires ennemis de la classe ouvrière.

S'il est des radicaux sincères qui n'ont pas hésité à défendre les conquêtes républicaines et ont contribué à barrer la route à la réaction, le plus grand nombre des radicaux ou bien ont lutté sans vigueur contre l'Union nationale ou bien ont franchement pactisé avec elle et, pressentant la victoire, se sont rangés derrière ses mots d'ordre et ses drapeaux.

Le Parti socialiste ne serait pas digne de la confiance que près de 1.700.000 électeurs lui ont accordée, s'il ne tirait pas de cette double expérience les leçons qu'elle comporte pour l'action qu'il va avoir à mener demain.

*
**

Contre le parti bolcheviste, qui semble s'être donné à tâche de démoraliser et de dégrader la classe ouvrière, les élections renforcent nos positions et nous amènent à fortifier notre action.

Certes, nous ne lui emprunterons jamais les armes empoisonnées dont il se sert contre nous. Nous ne répondrons jamais que par la vérité à la calomnie et au mensonge. Nous n'oublierons jamais que la reconstitution de l'unité politique de la classe ouvrière est notre objectif le plus cher. Nous n'accepterons jamais de nous prêter, à quelque titre que ce soit, aux tentatives qui pourraient être faites pour former contre le bolchevisme une coalition de partis, et nous dénoncerons les mobiles réactionnaires de toute soi-disant croisade de la civilisation contre le péril communiste.

La socialisation des moyens de production et d'échange est incontestablement le but final du socialisme et du communisme. Nous ne le perdrons jamais de vue, et, nous armant contre le Parti bolcheviste de cette communauté de but elle-même, nous montrerons à la classe ouvrière que les moyens dont se sert le bolchevisme vont précisément à l'encontre de cette fin et de l'unité de classe à laquelle il appelle les travailleurs et dont les conditions ne sont réalisées que dans le Parti socialiste S.F.I.O.

Nous lui ferons voir que la conception de la révolution propagée par le bolchevisme, que la suppression de toute liberté de pensée et de critique, que les méthodes de tyrannie, éliminant jusques aux mouvements autonomes d'organisation, brisent tout effort prolétarien de lutte de classe et obligent le Parti socialiste à mener, contre cette négation de la libre décision de la classe ouvrière, une bataille méthodique.

Dans cette bataille qu'il devra mener au sein même de la classe ouvrière, le Parti socialiste va être singulièrement aidé par les effets mêmes de la tactique électorale du bolchevisme.

Il tirera parti du trouble profond où cette tactique a mis bien des consciences prolétariennes. Il se servira du désaccord grave existant entre un mot d'ordre qui a fait d'une partie de la classe ouvrière l'auxiliaire inattendu de la réaction — et, en Alsace, du cléricalisme le plus fanatique — et les aspirations vivaces et profondes des travailleurs de ce pays, qui n'ont jamais séparé le souci de leurs intérêts de classe du désir de maintenir et de développer les institutions républicaines.

A cette occasion, il rappelle à toutes les fédérations et sections qu'elles ne doivent accepter les prétextes de « Front unique », sous quelque forme qu'ils leur soient présentés par les organisations bolchevistes.

✵

Mais, si favorables que puissent être les circonstances actuelles, nos efforts pour reconquérir les sympathies de ceux des travailleurs que le bolchevisme a détachés de nous, risqueraient de demeurer vains, si notre action politique — dans le pays et à la Chambre — manquait, si peu que ce soit, de netteté et de vigueur.

Sur ce point, comme sur l'autre, les conjonctures présentes facilitent notre action.

Au lendemain d'élections qui rappellent celles de 1919, le Parti socialiste ne saurait avoir d'autre attitude que celle qu'il a tenue de 1919 à 1924 : attitude d'opposition vigoureuse et coordonnée. Toutes les combinaisons gouvernementales et parlementaires — bloc de droite ou concentration — que la composition de la Chambre actuelle permet de prévoir, ne peuvent que nous trouver dressés contre elles.

A la Chambre et dans le pays, nous leur opposerons infatigablement le programme d'action immédiate que nous avons soumis au jugement des électeurs.

A la Chambre, nous conduirons cete action par la mise en œuvre de ce programme sous la forme de propositions précises, complètes et établies dans toute la mesure du possible, en accord avec les organisations syndicales de la C.G.T.; par le dépôt de contre-projets, d'amendements et d'ordres du jour à nous; par d'amples débats conduisant toujours à des votes unanimes du Groupe Socialiste.

Dans le pays, nous l'appuierons par une propagande intense, et pour laquelle le Parti compte sur le concours dévoué de tous ses élus, afin de grouper sur ces projets la classe ouvrière et paysanne tout entière et les éléments sains de la démocratie, contraignant ainsi les représentants des autres partis soit à s'y rallier, soit à se démasquer.

Sur ce terrain, strictement socialiste, nous mènerons une action uniquement guidée par le souci de demeurer fidèles à notre doctrine, et sans que jamais aucun vote au Parlement puisse altérer ni la pensée, ni la parole, ni le visage du Socialisme.

Aussi bien est-ce dans le maintien et l'accentuation de sa raison d'être — défendre le monde du travail et l'aider à se préparer à sa mission historique — que le Parti socialiste a le plus de chances d'entraîner à sa suite les consciences inquiètes des vrais démocrates.

*
**

Ainsi, les deux tâches que nous avons à poursuivre se conditionnent l'une l'autre et s'accordent parfaitement.

C'est un même élan et c'est la poursuite des mêmes fins qui fera que nous combattrons les erreurs du bolchevisme et que nous attaquerons la majorité parlementaire d'Union nationale, ses gouvernements et sa politique.

Des deux côtés, nous maintiendrons le socialisme dans sa ligne doctrinale, le Parti socialiste dans sa fonction essentielle, les consciences socialistes dans leur foi.

Congrès international.

Le 25e Congrès décide la tenue d'un Conseil national les 14 et 15 juillet 1928, pour examiner l'ordre du jour du Congrès international de Bruxelles (août 1928).

C'est à ce Conseil national que sera présenté le rapport de nos délégués à l'Exécutif de l'I.O.S.

C'est également à ce Conseil national qu'est renvoyée une proposition de la Fédération du Nord demandant au parti de décider que, dans les circonstances présentes, un socialiste ne puisse pas accepter une délégation du Gouvernement français à la Société des Nations.

Les statuts du Parti.

Le Congrès charge la C.A.P. de préparer et de soumettre au Conseil national du 1er novembre 1928, un projet de modifications des dispositions statutaires relatives aux organismes centraux du Parti.

Les étudiants socialistes.

Le Congrès renvoie, avec avis favorable, à la C.A.P. et au Comité national mixte des Jeunesses, la motion suivante :

La Fédération Nationale des Etudiants socialistes demande que chaque fédération du Parti envisage la création d'un ou de plusieurs groupes dans son département;

Demande également que les secrétaires fédéraux, dans les villes universitaires où rien n'a pu encore être fait, soient tenus de faire ou de tenter quelque chose; notamment qu'ils adressent à la Fédération des Etudiants socialistes les noms des camarades étudiants adhérents au Parti;

Demande qu'une aide morale et financière lui soit accordée pour que ses délégués à la propagande puissent aller eux-mêmes fonder des sections là où il n'y en a pas encore;

Demande enfin qu'un effort soit accompli par chaque fédération pour répandre dans les milieux intellectuels le journal des sections belge et française de l'Internationale des Etudiants socialistes.

Elections municipales et cantonales.

Le XXVe Congrès national donne mandat au Conseil national du 1er novembre 1928 de procéder à la mise à jour du programme municipal en vue des élections municipales de 1929.

La C.A.P., en accord avec la Fédération nationale des Municipalités socialistes, sera chargée du travail préparatoire de mise au point.

La R. P.

Le Congrès, en affirmant son indéfectible attachement à la R. P., juste et loyale, invite le Groupe parlementaire à étudier, d'un commun accord avec la C.A.P., les modalités par lesquelles le Parti poursuivra la réalisation de la R.P., dont le principe déjà accepté ne saurait être remis en discussion.

Jeunesses laïques.

Le Congrès renvoie à la C.A.P. plénière deux ordres du jour déposés par les Fédérations de l'Aveyron et de l'Ariège et concernant la Fédération nationale des Jeunesses laïques et républicaines de France.

Les organismes centraux.

La composition des organismes centraux du Parti est fixée comme suite :

C. A. P.

1° *Membres de la Seine, de la Seine-et-Oise et parlementaires.* — *Titulaires :* A. Barrion, Léon Blum, Bracke, Caille, Cayrel, Colliette, Compère-Morel, Courmont, Delépine, Farinet, Février, Gaillard, Goude, Grandvallet, Graziani, Grumbach, Guillevic, Hubert-Rouger, Emile Kahn, Lebas, Le Troquer, Louis Lévy, Gaston Lévy, Longuet, Mahler, Masson, Osmin, Paul Faure, Renaudel, Cne Saumoneau, Séverac, Uhry, Zyromski.

Suppléants : Bachert, Blumel, Bouyer, Frot, Lagrange, Lapeyrère, Montagnon.

2° *Membres de la province.* — *Titulaires :* Léon Bon, Bonnet, Broussillon, Dumoulin, Fieu, Gibaud, Havesne fils, Hussel, Isnal, Lacroix, Lagelée, Mailly, Naegelen, Salengro, Zoretti.

Suppléants : Gaston Cabannes, Lamarque, Satonnet.

Délégation à l'Exécutif de l'I.O.S.

Titulaires : Bracke, Longuet, Renaudel.
Suppléants : Léon Blum, Paul Faure.

Conseil du « Populaire »

Léon Blum, *directeur*, Bracke, Colliette, Compère-Morel, Courmont, Farinet, Paul-Faure, Fiancette, Gaillard, Graziani, Guillevic, Lebas, Le Troquer, Lévy (Louis), Lévy (Gaston), Longuet, Masson, Mauss, Osmin, Renaudel, Séverac.

Commission nationale des Conflits

G.-A. Bernard, Bouvrain, Suzanne Buisson, Drouot, Racine, Ramadier, Rossignol, Ruillier, Welhoff.

Commission de Contrôle

Antès, Boin, Charles Boucherie, Suzanne Buisson, Gérard, Grandvogel, Leriche-Soldi, Marchand, Nantillé.

II

CONSTITUTION DE LA C. A. P.

Bureau du Parti.

Dans sa séance du 13 juin 1928, la Commission administrative permanente maintient Paul Faure, Séverac et Grandvallet dans leurs fonctions de secrétaire général, secrétaire général adjoint et trésorier général du Parti.
Les sous-commissions sont constituées comme suit :

Sous-Commissions statutaires.
    et délégations diverses

Propagande

Barrion, Cayrel, Compère-Morel, Graziani, Grandvallet, Guillevic, Citoyenne Saumoneau, Hubert-Rouger, Lebas, Kahn, Le Troquer, Mahler, Osmin, Zyromski, Renaudel. *Secrétaire*, Cayrel.

Finances

Barrion, Kahn, Colliette, Compère-Morel, Courmont, Gaillard, Grandvallet, Grumbach, Gaston Lévy. — *Secrétaire*, Gaillard.

Conflits

Février, Goude, Le Troquer, Mahler, Masson, Zyromski, Uhry. — *Secrétaire*, Zyromski.

Archives

Courmont, Farinet, Grandvallet, Graziani, Longuet, Renaudel, Séverac. — *Secrétaire*, Séverac.

Sous-Commission internationale

Blum, Bracke, Grumbach, Kahn, Longuet, Paul Faure, Renaudel, Zyromski, Uhry. — *Secrétaire*, Bracke.

Présidents de séances

Sont désignés pour présider à tour de rôle les séances de la C.A.P. :
Compère-Morel, Delépine, Graziani, Lebas, Le Troquer, Renaudel, Gaillard, Osmin.

Délégation au Comité national mixte des Jeunesses

Sont désignés pour représenter la C.A.P. au Comité national mixte des Jeunesses : Farinet, Grandvallet, Guillevic, Louis Lévy, Zyromski, Renaudel.

Délégation à la Fédération nationale des Municipalités socialistes

Sont désignés pour représenter la C.A.P. à la Commission exécutive de la Fédération nationale des Municipalités socialistes : Guillevic, Paul Faure, Gaston Lévy et Zyromski.

Délégation à la propagande

Théo-Bretin, ancien député et ancien délégué permanent, est adjoint à la Délégation permanente à la propagande.

III

CONSEIL NATIONAL

(Paris, 14 et 15 juillet 1928.)

Le principal objet de ce Conseil est la préparation du Congrès international qui va se tenir à Bruxelles.

Ratification du Bureau du Parti.

Le Conseil ratifie la composition du bureau du Parti, à savoir :

Secrétaire général : Paul Faure; secrétaire adjoint : Séverac; trésorier : Grandvallet.

Secrétaires des quatre sous-commissions de la C. A. P.: propagande, Cayrel; conflits, Zyromski; finances, Gaillard; archives, Séverac.

Fonds Matteoti.

Sur proposition de la C. A. P., le Conseil décide que les fédérations devront prendre au moins un timbre Matteoti par section.

Militarisme et désarmement.

Par 1.707 voix contre 1.266 à une motion Auriol, le Conseil vote la motion suivante présentée par Paul-Faure (Il y a 62 abstentions et 188 absences) :

Réuni à Paris, les 14 et 15 juillet 1928, sur mandat du Congrès de Toulouse, le Conseil National du Parti Socialiste, saisi des problèmes portés à l'ordre du jour du Congrès socialiste international de Bruxelles;

Renouvelle les affirmations par lesquelles il a déjà défini à plusieurs reprises et en accord avec l'Internationale, sa politique internationale.

Concernant la Société des Nations, dont il continue de croire qu'elle peut et doit être utilisée par le Socialisme dans son effort en vue d'une paix solide et juste, le Conseil National rappelle que le Socialisme demeure fidèlement attaché à l'idée de la démocratisation de cet organisme international. Les diverses sections de l'Internationale devront travailler sans délai à la réalisation de cette importante réforme et, pour la France, le groupe socialiste du Parlement devra, dès la rentrée, déposer et défendre les textes législatifs qui permettraient de l'obtenir.

Concernant les traités de paix, le Conseil National, fidèle à l'attitude définie dès 1919 et précisée dans plusieurs assemblées nationales et internationales, déclare à nouveau que le socialisme international doit employer son action concertée à la revision de ces traités afin d'en éliminer les injustices et d'y porter au plus haut degré possible le respect du droit des peuples à disposer d'eux-mêmes. Cette procédure de revision ne saurait, bien entendu, être que pacifique. Elle ne saurait avoir de meilleure préparation en France qu'une critique parlementaire, de tout ce qui, dans l'action diplomatique du Gouvernement, risque, par des traités secrets ou des accords particuliers, d'ajouter des difficultés nouvelles à l'œuvre nécessaire de revision pacifique des traités, prévus par le pacte même de la S. D. N. et par les décisions de l'Internationale.

Concernant le désarmement, le Conseil National fait à nouveau siennes toutes ses décisions antérieures du Parti socialiste et de l'Internationale et rappelle, ainsi qu'il a été fait récemment devant les électeurs de ce pays, que le problème du désarmement n'est pas subordonné au problème de la sécurité et que c'est de l'arbitrage et du désarmement combinés et contrôlés que sortira la sécurité véritable.

Le Conseil National rappelle enfin que l'évacuation immédiate et inconditionnée de la Rhénanie, inscrite au programme électoral du Parti socialiste, continue d'être la condition indispensable de tout rapprochement franco-allemand réel, rapprochement sans lequel il est bien clair que la paix de l'Europe et du monde demeurera toujours précaire et constamment menacée.

Telles sont les directives du mandat que le Conseil National donne à ses délégués du Congrès Socialiste International de Bruxelles. Elles seront leur règle au sein de cette assemblée internationale, comme elles sont en France, celle de tous les militants et de tous les élus du Parti Socialiste.

Délégation de Paul-Boncour à la S. D. N.

Par 2.119 voix contre 846, à une motion de la Fédération du Nord, le Conseil fait sienne la motion suivante, présentée par Paul-Faure :

Saisi, par une motion de la Fédération du Nord, de la question du mandat de Paul-Boncour à la S.D.N.;

Le Conseil National, considérant qu'on se trouve devant une situation de fait; que Paul-Boncour a fait au sein de la Société des Nations, un effort personnel louable en vue de la paix dont le Socialisme est heureux de se féliciter une fois de plus;

Décide de proroger l'autorisation antérieurement donnée à Paul-Boncour, ne subordonnant cette prorogation qu'aux décisions éventuelles de l'Internationale à laquelle nous appartenons, et avec la pleine assurance que Paul-Boncour n'acceptera, dans l'exercice de son mandat, aucune mission politique qui risquerait de mettre son action en désaccord avec la politique d'action internationale que le Parti socialiste a définie.

Le problème colonial.

Le Conseil national a adopté la résolution de l'I. O. S. et pris en considération les motions des Fédérations de Tunisie et d'Algérie qui ont été remises à la délégation française pour le Congrès international de Bruxelles.

Délégation au Congrès International de Bruxelles.

La délégation du Parti au Congrès de Bruxelles est fixée comme suit :

Titulaires : Jean Deguise, Michel Vidal, Eugène Montel, Roger Hymond, Reinhold, Barbariche, Lagrosillière, Marcel Almaby, Georges Fargues, Honoré Hervé, Jean Locquin, Ernest Couteaux, Pierre Delcourt, François Cartegnie, André Tellier, Montagnon, Graziani, De Coster père, Ernest Poisson, Paul Faure., Séverac, Grandvallet, Zyromski, Cayrel, Léon Osmin, Blum, Bracke, Longuet, Renaudel, Vincent Auriol, Louise Saumoneau, Emile Kahn, Guillevic, Léon Kahn, André Pantigny, Raoul Evrard, Paul-Boncour, Grumbach, Ernest Lafont, Marquet, Salengro, Gibaud, Fontanier, Louis Lévy, Gaston Lévy, Maurice Bertre, Léon Bon, Compère-Morel, André Février, citoyenne Léo Wanner, Ronzier-Joly.

Suppléants : Eugène Dereuse, citoyenne Dereuse, citoyenne Couteaux, René Couteaux fils, François Demayer, Hochedez, citoyenne Salengro.

IV

CONSEIL NATIONAL

(Paris, 2 et 3 février 1929.)

Les deux principales questions portées à l'ordre du jour de ce Conseil sont celle de la revision des statuts du Parti et celle des élections municipales.

Revision des statuts.

Le Conseil, saisi d'un projet de revision des statuts présenté par la C. A. P., estime ne pas être suffisamment informé pour se prononcer. En conséquence, et après discussion, la question est renvoyée au prochain Congrès.

Elections municipales.

Le projet de programme municipal élaboré par la Fédération nationale des municipalités socialistes est adopté.

Concernant la tactique, le Conseil vote à l'unanimité la résolution suivante :

Le Parti socialiste décide de mener, dans la France entière, un ardent combat pour la conquête des municipalités.

Le programme municipal qu'il vient d'élaborer, les œuvres sociales et les projets d'urbanisme que ses élus ont réalisés dans les communes qu'ils administrent sont la preuve de son souci d'organisation, de sa capacité administrative, de sa constante préoccupation de diriger son effort de réformes dans le sens de l'idéal qui l'anime.

Les victoires municipales sont toujours pour la classe ouvrière de nouveaux moyens de propagande, de lutte et de réalisation.

En 1929, la consultation électorale aura en outre une claire signification politique.

C'est, en effet, la première consultation générale qui aura lieu après le vote d'une stabilisation de classe faite au profit d'un capitalisme de finance hier menaçant, aujourd'hui triomphant et au détriment des petits épargnants, des retraités, des serviteurs de l'Etat, des classes moyennes, des travailleurs accablés par la vie chère, des producteurs paralysés par des impôts aussi malfaisants qu'injustes.

C'est la première consultation électorale qui aura lieu au lendemain de la constitution d'une majorité parlementaire de réaction dont une oligarchie de finance et de presse essaie d'organiser les troupes dans le pays, et cela au moment même où doivent être résolus les grands problèmes relatifs à la liquidation définitive de la guerre, à l'organisation de la paix et, à l'intérieur du pays, à la défense des libertés démocratiques et des institutions républicaines.

Les élections partielles de ces temps derniers ont donné raison au Parti socialiste.

Aussi doit-on redoubler d'efforts pour grouper dans ses organisations sur son programme, pour son action, toutes les forces ouvrières, tous les éléments sains de la démocratie politique et sociale.

Prenant acte de la décision récente du Parti communiste qui continue sa besogne de division ouvrière et favorise ainsi les desseins de la réaction, le Parti socialiste la dénonce comme une trahison envers le prolétariat et la République. Aussi résolu à ne faire avec la bourgeoisie aucun front unique contre le communisme qu'à ne tolérer aucun front unique avec le Parti communiste lui-même, le Congrès fait confiance à la classe ouvrière pour que tout entière elle s'unisse dans les rangs socialistes en vue de l'action quotidienne et des grands combats de demain.

Le Parti socialiste dénonce les défaillances des faux démocrates qui, au Parlement et dans le pays, font bloc avec les forces réactionnaires. Il s'engage à les combattre résolument.

C'est ainsi qu'il remportera demain une grande victoire municipale et politique. Pour la rendre plus certaine, le Congrès, rappelant les résolutions de Saint-Quentin (1911), de Grenoble (1914) et de Paris (1927), décide :

« Les sections ont le devoir de faire le maximum d'efforts pour lutter, au premier tour de scrutin, avec leurs seules forces socialistes;

« Dans les communes où l'état de la section et la situation politique locale justifieraient une liste commune, elle ne pourrait se faire qu'avec l'autorisation préalable de la Fédération. Même dans ce cas, la section devra propager et commenter, par tous les moyens dont elle dispose (réunions, tracts, affiches), le programme du Parti;

« Pour le deuxième tour, considérant que toute action électorale ou autre du parti de classe qu'est le Parti socialiste, doit toujours, au second comme au premier tour, être déterminée exclusivement par l'intérêt supérieur de la classe qu'il représente et dont il poursuit l'affranchissement;

« Que l'action de classe du prolétariat est liée au maintien et au développement de ses libertés politiques et démocratiques;

« Que par la République maintenue et développée, la libération des travailleurs sera aux mains des travailleurs eux-mêmes s'ils savent en user enfin pour leur organisation et leur émancipation;

« Le Congrès compte sur les fédérations pour indiquer aux sections la tactique à adopter en vue d'assurer par tous les moyens et notamment par les désistements, l'échec de la réaction et la défense des intérêts du prolétariat et de la République sociale. »

En ce qui concerne les tentatives de devancer la loi par un

'essai de R. P. volontaire, le Parti socialiste déclare qu'il est profondément attaché à l'idée de la R. P. et résolu à faire aboutir par un effort incessant de propagande, la proposition de loi déposée ces jours-ci par le groupe socialiste au Parlement, mais il met en garde les fédérations contre le péril qu'il y aurait à qualifier de R. P. des combinaisons qui, sous le régime de la loi actuelle ne peuvent en avoir que le nom, et ne peuvent assurer les avantages qui résulteraient de la véritable R. P. telle qu'elle serait organisée par la loi.

Le Conseil national charge la C. A. P. de rédiger un *Manifeste aux travailleurs* pour les élections municipales.

Le Congrès National.

Le Conseil national décide que le 26ᵉ Congrès national se tiendra à Nancy les 2, 3, 4 et 5 juin 1926. Son ordre du jour comportera : 1° Les rapports statutaires; 2° La revision des statuts; 3° L'action socialiste et l'école; 4° Les assurances sociales; 5° Le renouvellement des organismes centraux.

Questions diverses

Le Conseil national maintient le *Populaire* mensuel.

Il renvoie à la C. A. P. le projet de statuts de la Fédération nationale des Etudiants socialistes.

Il décide la réintégration dans le Parti du citoyen Peyrichon, de la section de Meuse.

V

ÉLECTIONS LÉGISLATIVES

(22 *et* 29 *avril* 1928.)

Les rapports en vue du Congrès de Toulouse étaient à l'impression au moment des élections législatives des 22 et 29 avril 1928.

On croit donc devoir donner ici le tableau des suffrages exprimés et des voix obtenues dans chaque département par les candidats du Parti socialiste.

Départements	Suffrages exprimés	Suffrages socialistes	0/0
Ain	79.853	10.895	13
Aisne	118.178	20.254	16
Allier	98.870	31.418	35,5
Basses-Alpes	23.317	8.184	36
Hautes-Alpes	20.547	3.152	15
Alpes-Maritimes	67.692	3.954	4,7
Ardèche	75.861	12.889	15
Ardennes	68.722	14.814	21
Ariège	43.259	7.613	17
Aude	58.711	6.579	11
Aude	69.733	20.590	29
Aveyron	86.689	9.937	11
Bouches-du-Rhône	160.292	72.217	44
Calvados	78.549	13.020	16
Cantal	46.695	6.694	14
Charente	81.329	9.097	11
Charente-Inférieure	101.419	8.196	8
Cher	80.662	9.329	11,5
Corrèze	67.887	7.719	11
Corse	47.268	291	2,4
Côte-d'Or	80.585	19.111	24
Côtes-du-Nord	116.684	10.851	9,1
Creuse	53.845	16.647	31
Dordogne	105.992	10.601	10
Doubs	67.188	5.884	9,5
Drôme	67.627	20.453	29
Eure	73.845	6.025	8
Eure-et-Loir	62.864	3.847	6
Finistère	159.497	27.465	16,8
Gard	89.987	26.652	29
Haute-Garonne	106.065	40.677	37
Gers	50.716	7.392	18

Départements	Suffrages exprimés	Suffrages socialistes	0/0
Gironde	197.015	50.149	24
Hérault	99.753	38.046	36
Ille-et-Vilaine	129.002	15.173	12
Indre	70.502	9.163	13
Indre-et-Loire	84.216	17.159	20
Isère	126.969	40.599	32
Jura	57.954	10.340	18
Landes	72.677	—	—
Loir-et-Cher	67.859	26.692	39
Loire	151.811	23.203	15
Haute-Loire	64.977	—	—
Loire-Inférieure	150.354	24.233	16
Loiret	87.591	14.498	15,5
Lot	48.437	8.270	17
Lot-et-Garonne	62.616	5.761	9
Lozère	25.802	4.726	18
Maine-et-Loire	116.866	6.762	5,5
Manche	88.891	4.715	5,5
Marne	90.712	15.758	16
Marne (Haute-)	49.726	1.271	2,4
Mayenne	59.017	—	—
Meurthe-et-Moselle	114.158	8.922	8
Meuse	49.973	6.765	13
Morbihan	119.598	7.917	6,5
Moselle	127.705	2.812	2
Nièvre	69.802	19.749	28
Nord	477.691	143.708	28
Oise	96.236	22.029	23
Orne	66.643	1.939	3
Pas-de-Calais	257.812	93.436	31
Puy-de-Dôme	124.916	35.307	24
Pyrénées (Basses-)	92.161	6.688	6,5
Pyrénées (Hautes-)	46.949	2.637	6
Pyrénées-Orientales	45.817	12.419	27
Rhin (Bas-)	155.586	29.404	19
Rhin (Haut-)	119.357	25.719	21
Rhin (Haut-) (Belfort)	21.621	2.930	13,5
Rhône	191.380	43.309	23
Saône (Haute-)	58.859	6.907	11,6
Saône-et-Loire	141.085	48.814	41
Sarthe	94.332	13.796	6,5
Savoie	57.096	2.557	3
Savoie (Haute-)	60.338	5.793	9
Seine	952.272	150.570	15,5
Seine-Inférieure	182.712	15.999	8
Seine-et-Marne	91.285	14.277	16
Seine-et-Oise	256.989	27.920	11
Sèvres (Deux-)	83.315	13.659	16
Somme	117.259	19.581	17
Tarn	78.999	28.451	36
Tarn-et-Garonne	43.464	7.727	17,5
Var	60.924	21.539	36

Départements	Suffrages exprimés	Suffrages socialistes	0/0
Vaucluse	52.248	11.009	21
Vendée	101.579	3.361	3
Vienne	81.069	4.554	6
Vienne (Haute-)	85.449	29.821	35
Vosges	91.623	4.255	4
Yonne	70.614	12.039	16
Algérie	46.808	4.741	10
Constantine	26.186	4.065	15
Oran	45.066	2.082	4,4
Martinique (La)	28.666	16.424	57

Voici maintenant la liste de nos élus par département :

AIN. — Dr Nicollet, dép. sort.

AISNE. — Tricoteaux; Deguise; Monnet.

ALLIER. — Constans, dép. sort.; Thivrier, dép. sort.; Boudet, dép. sort.

BASSES-ALPES. — Charles Baron, dép. sort.; Gardiol, dép. sort.

HAUTES-ALPES. — Ernest Lafont, dép. sort, dans la Loire.

ARDENNES. — Boutet.

AUDE. — Pélissier, dép. sort.

AVEYRON. — Ramadier.

BOUCHES-DU RHONE. — Bouisson, dép. sort.; Gouin, dép. sort.; Tasso, dép. sort.; Rémy Roux, dép. sort.; Sixte-Quenin; Albertin; Cadenat, dép. sort.

CHARENTE. — Gounin.

CORREZE. — Spinasse, dép. sort.

CREUSE. — Rivière.

DOUBS. — Rucklin.

DROME. — Nadi, dép. sort.; Moch; Brunet.

FINISTERE. — Masson, dép. sort.; Goude, dép. sort.

GARD. — Compère-Morel, dép. sort.; Hubert-Rouger, dép. sort.; Castanet.

HAUTE-GARONNE. — Bedouce, dép. sort.; Vincent Auriol, dép. sort.

GIRONDE. — Marquet, dép. sort.; Lafarge.

HERAULT. — Barthe, dép. sort.

INDRE. — Hymans.

INDRE-ET-LOIRE. — Ferd. Morin, dép. sort.

ISERE. — Chastanet, dép. sort.; Mistral, dép. sort.; Buisset, dép. sort.; Ravanat.

JURA. — Arsène Gros.

LOIRE. — Albert Sérol, dép. sort.

LOIR-ET-CHER. — Georges Richard, dép. sort.; Besnard-Ferron.

LOIRE-INFERIEURE. — Blancho.

LOIRET. — Eug. Frot, dép. sort.

MARTINIQUE. — Frossard.

NIEVRE. — Gamard, dép. sort.; Locquin, dép. sort.; Dr Fié, dép. sort.; Guillon.

NORD. — Goniaux, dép. sort.; F. Lefebvre, dép. sort.; Bracke; Salengro; Delcourt; Parsy.

OISE. — Jules Uhry, dép. sort.; Vassal.

PAS-DE-CALAIS. — Raoul Evrard, dép. sort.; Cadot, dép. sort.; Maes, dép. sort.; Tellier; Louart.

PUY-DE-DOME. — Paulin, dép. sort.; Laroche; Andraud.

PYRENEES-ORIENTALES. — Payra, dép. sort.

HAUT-RHIN. — S. Grumbach.

BAS-RHIN. — Peirotes, dép. sort.

RHONE. — Rognon, dép. sort. ; Février, dép. sort.; Richerand; Goujon; Chouffet.

SAONE-ET-LOIRE. — Paul Faure, dép. sort.; Nouelle, dép. sort.; Burtin; Thomas; Laville.

HAUTE-SAONE. — Cotin.

HAUTE-SAVOIE. — Antonelli, dép. sort.

SEINE. — Fiancette; Luquet; Marsais.

SEINE-INFERIEURE. — Lebret.

TARN. — Paul-Boncour, dép. sort.; Sizaire, dép. sort.; Calvet; Dr Camboulives.

VAR. — Renaudel, dép. sort.; Carmagnolle, dép. sort.; Auguste Reynaud, dép. sort.; Chommeton.

VAUCLUSE. — Gros, dép. sort.

VI

ÉLECTIONS CANTONALES

(14 *et* 21 *octobre* 1918.)

Manifeste aux travailleurs.

Avant les élections cantonales, le Parti a lancé le *Manifeste* suivant :

Personne n'ose plus contester aujourd'hci le caractère et l'importance politiques des élections cantonales, au cours desquelles tous les candidats se réclament d'ailleurs de leur parti respectif.

D'abord, parce que les élus cantonaux sont électeurs de droit au collège sénatorial. Ils gèrent les finances du département, appliquent une partie des lois d'assistance et contrôlent l'administration préfectorale.

Ensuite parce que les journaux, les ministres, les chefs de groupes cherchent toujours à exploiter à leur profit les résultats des consultations cantonales.

Pour toutes ces raisons, et comme il l'a toujours fait, le Parti socialiste présentera des candidats partout où il le pourra au premier tour de scrutin.

Au second tour, fidèle à sa tradition, et là où il n'aura pas de chance de succès pour lui-même, il fera effort pour vaincre le plus réactionnaire des candidats adverses.

Le Parti socialiste, dans ce combat qui s'engage, a le droit de compter sur l'aide et l'adhésion d'un nombre sans cesse croissant de travailleurs.

C'est son programme, comme sa doctrine, qui, plus que jamais, peuvent seuls résoudre les difficultés présentes et préparer les voies de l'avenir.

Les faits et les événements ne le démontrent-ils pas de la façon la plus éclatante ?

Le Gouvernement a déposé le projet de budget que les Chambres discuteront à la rentrée de novembre. Rien n'y figure des réalisations qu'un peuple laborieux et une démocratie attendent.

Citoyens,

Avec le Parti socialiste, vous réclamerez l'application immédiate du programme suivant :

Création d'un véritable budget d'assistance et d'hygiène. Elaboration d'un plan national d'éducation démocratique. Mise en train du programme des réformes ouvrières les plus urgentes. Intervention directe de l'Etat et contrôle ouvrier pour l'organisation scientifique du travail. Politique agraire brisant net avec la routine et venant en aide aux travailleurs des champs. Electrification des campagnes.

Remise en état des services publics; revision des traitements et pensions.

Tout cela, tous ces progrès, d'autres encore, ne sont possibles que par une refonte complète de la fiscalité à laquelle se refuse une bourgeoisie égoïste et cupide.

Aussi, vous serez aux côtés des socialistes pour imposer les mesures nécessaires.

Avec eux, vous direz qu'il faut libérer de tous droits les produits alimentaires, réduire les taxes sur les transports, dégrever davantage à la base les cédules des traitements et salaires et des bénéfices industriels et commerciaux.

Pour les ressources compensatrices, vous direz qu'on peut les trouver dans les impôts personnels, globaux et progressifs, dans le plein rendement de ceux qui existent par une lutte acharnée contre la fraude, et dans une opération d'ensemble sur la fortune constituée; enfin, dans la réduction des dépenses militaires — qui suffirait à elle seule à gager l'extension progressive des dépenses de réformes sociales et d'encouragement à l'agriculture.

Citoyens,

Cette politique économique et sociale n'est réalisable que si la République française mène parallèlement une politique de paix.

Sur ce terrain encore, en votant pour les seuls candidats socialistes, vous affirmerez votre volonté d'en finir avec les timidités, les hésitations, les mauvaises volontés et les obstacles accumulés par les gouvernements, les chefs militaires et les diplomates sur les routes de la paix.

Rapprochement décisif avec l'Allemagne, évacuation des régions rhénanes, désarmement général et simultané, contrôle international sévère de la fabrication des armes, arbitrage obligatoire de tous les conflits internationaux, telle est la direction où l'on doit résolument s'engager, sous peine d'aboutir très vite à susciter dans les masses populaires des méfiances et des déceptions qui mettraient en péril l'avenir même de la Société des Nations.

Travailleurs de France,

Le socialisme vous appelle donc à lui, sans rien dissimuler de son action ni de sa doctrine.

Ou bien le capitalisme continuera son règne, souverainement maître des choses, des Etats et des hommes. Alors persistera et s'aggravera le régime d'exploitation de l'homme par l'homme, d'une classe par une autre classe.

Ou bien le Socialisme s'approchera du pouvoir, le contrôlera, l'empêchera de trop nuire, en attendant de s'en emparer, comme c'est sa mission historique, afin de le faire servir à l'affranchissement du travail et à l'établissement d'un régime d'ordre intérieur, de progrès constant et de paix définitive entre les peuples.

Lorsque les assemblées départementales et le Parlement contiendront un nombre plus considérable d'élus de la classe ouvrière et paysanne, ayant derrière eux des masses d'électeurs et des organisations rayonnant de force et de vie à travers villes et villages, tout s'en ressentira forcément : la fiscalité, les lois sociales, les libertés publiques, les relations extérieures.

Ce ne sera pas encore le Socialisme, mais ce sera le monde du travail debout dans la bataille, plein d'audace et de foi, regardant confiant et résolu le présent amélioré et l'avenir plus certain.

Electeurs,

C'est tout cela que doivent signifier les élections cantonales du mois d'octobre.

Un pas en avant des travailleurs, un pas en arrière de la réaction capitaliste.

Nos candidats.

Les fédérations du Parti sont allées à la bataille dans 84 départements (au lieu de 60 en 1922, pour la même tranche renouvelable), et 736 cantons (au lieu de 458), avec 410 candidats (au lieu de 250) aux Conseils généraux et 326 candidats (au lieu de 208) aux Conseils d'arrondissements.

VII

ÉLECTIONS LÉGISLATIVES COMPLÉMENTAIRES

Haute-Garonne.

Aux élections sénatoriales, notre candidat *Billières*, maire de Toulouse, obtint 213 voix sur 936 votants.

Seine (Noisy).

A Noisy-le-Sec, pour un siège de député, notre candidat *Fiels* obtint 2.618 voix sur 23.951 votants.

Nord.

A Dunkerque, notre camarade *Valentin*, candidat à la députation, est battu au second tour par suite du maintien du candidat communiste. Il obtint 10.034 voix; le candidat réactionnaire, 10.318; le communiste, 2.099.

Seine (Asnières).

A Asnières, notre candidat au siège de M. Bokanowski, *Hombert*, obtint 478 voix sur 14.504 votants.

Finistère.

A l'élection sénatoriale complémentaire, le socialiste *Messager*, adjoint au maire de Brest, recueille 110 voix sur 1.331.

Dordogne.

Notre camarade *Simonet*, maire de Bergerac, candidat sénatorial, obtint 101 voix sur 1.042.

Drôme.

Marius Moutet, ancien député du Rhône, est élu au second tour au siège laissé vacant par la mort de notre regretté Nadi. Il recueille 9.281 voix, contre 7.140 au candidat réactionnaire, et 390 au candidat communiste.

Bas-Rhin.

A Colmar, le candidat du Parti à l'élection législative complémentaire, *Richard*, obtient 3.592 voix sur 19.177 votants.

Seine (Puteaux).

Les sections de la circonscription de Puteaux ont désigné comme candidat au siège de député rendu vacant par l'inéligibilité du communiste élu en 1928, le citoyen *Henry Torrès*. Cette candidature n'ayant pas été ratifiée par la Fédération de la Seine, la C. A. P. est intervenue pour essayer d'obtenir que la décision de la Seine fût respectée. Elle a fait des démarches en ce sens auprès du citoyen Torrès et des sections de la circonscription de Puteaux. Ces démarches n'ont pas abouti.

La C. A. P. a alors voté la motion suivante :

Le C. A. P. prend acte de ce que : 1° la candidature du citoyen Torrès n'ayant pas été ratifiée par la Fédération de la Seine, le citoyen Torrès n'est pas candidat du Parti;

2° La Fédération de la Seine a décidé de porter régulièrement devant la juridiction compétente du Parti, et aux fins d'exclusion, le conflit ouvert entre elle et les sections de la circonscription de Puteaux.

Le premier alinéa est voté à l'unanimité; le deuxième, à l'unanimité moins une voix contre et trois abstentions.

La Fédération de la Seine ayant envisagé l'idée d'une candidature à opposer à celle du citoyen Torrès, la C. A. P., par 10 voix contre 8 (et 1 abstention), a voté le texte suivant :

Au cas où la Fédération de la Seine déciderait de présenter un candidat, comme le lui commandent les décisions des Congrès nationaux, le C. A. P. lui donne l'assurance de son appui total.

Mais la Fédération de la Seine a cru devoir se borner à faire connaître aux électeurs, par un numéro spécial du *Populaire*, que le citoyen Torrès n'était pas le candidat du Parti. Celui-ci s'est retiré après le premier tour, ayant obtenu 4.298 voix, contre 6.553 au communiste et 5.688 au réactionnaire.

Dordogne.

A Périgueux, contre M. G. Bonnet, ancien ministre, le citoyen *Michel*, candidat du Parti, obtint 803 voix à l'élection législative complémentaire.

Somme.

Le candidat du Parti au Sénat, *Berteaux*, recueille 107 suffrages sur 1.277.

Gard.

A l'élection sénatoriale complémentaire, le candidat du Parti, *Daudé*, obtient, au premier tour, 150 voix sur 895 votants; au second, 202.

Haute-Vienne.

Notre camarade *Valière*, ancien député, candidat du Parti à Bellac, obtient, au premier tour, 6.178 voix, contre 3.996 au candidat réactionnaire, 3.453 au candidat radical et 385 au communiste. Au second tour, il obtient 7.806 voix, contre 7.908 au réactionnaire (élu) et 63 au communiste.

Cher.

Laudier, maire de Bourges, ancien député, candidat à un siège sénatorial, obtient 142 voix sur 689 votants.

Aude.

La Fédération de l'Aude a fait de notre ami *Léon Blum* son candidat au siège rendu vacant par le décès de notre regretté camarade Pelissier, député de Narbonne. Blum est élu au premier tour avec 5.886 voix, contre 5.022 au candidat du parti radical, 589 au communiste et 256 à un socialiste indépendant.

VIII

PROPAGANDE

Tournées de masse.

Deux tournées de masse ont eu lieu depuis le Congrès de Toulouse, la première dans l'ouest de la France, les 24 et 25 novembre 1928, la seconde dans la région méditerranéenne les 23 et 24 février 1929.

Elles ont été organisées conjointement et en plein accord par le secrétariat du Parti et le secrétariat du Groupe parlementaire.

Quelques chiffres permettent d'en mesurer l'importance.

Tournée de l'Ouest

Départements visités	Réunions faites	Elus participant
Calvados	9	7
Côtes-du-Nord	15	9
Finistère	12	6
Ille-et-Vilaine	13	7
Loire-Inférieure	20	8
Maine-et-Loire	3	3
Manche	15	9
Morhiban	13	5
	100	54

Tournée de la région méditerranéenne

Départements visités	Réunions faites	Elus participant
Alpes-Maritimes	12	9
Aude	20	7
Bouches-du-Rhône	8	9
Corse	5	1
Hérault	21	10
Pyrénées-Orientales	12	9
Var	19	10
Vaucluse	15	9
	112	64

Délégation permanente.

Voici le relevé des réunions faites par nos délégués permanents :

Lucien Roland (du 27 avril au 11 décembre 1928) : Loiret, 2; Gironde, 5; Vienne, 11; Aisne, 3; Mayenne, 9; Eur-et-Loir, 18; Marne, 12; Alpes-Maritimes, 12; total, 72.

Citoyenne Saumoneau (du 8 juin 1928 au 24 février 1929 : Ardennes, 8; Seine, 3; Seine-Inférieure, 3; Manche, 5; Charente-Inférieure, 16; Meurthe-et-Moselle, 8; Oran, 13; Alger, 2; Constantine, 10; Tunisie, 3; Nord, 9; Eure-et-Loir, 10; total, 91.

Albert Inghels (du 2 juillet au 26 mars) : Vosges, 21; Ariège, 12; Indre, 12; Aube, 10; Seine-Inférieure, 11; Moselle, 10; Hérault, 10; Ain, 7; Ardèche, 11; Eure, 14; Loire, 15; total, 133.

René Cabannes (du 23 juin 1928 au 12 avril 1929 : Aube, 20; Dordogne, 4; Gard, 48; Lot-et-Garonne, 14; Indre, 3; Oise, 24; Haute-Savoie, 8; Sarthe, 6; Meurthe-et-Moselle, 9; Pas-de-Calais, 12; Haute-Loire, 13; Haute-Vienne, 7; Indre-et-Loire, 12; total, 180.

Théo-Bretin (du 29 mai 1928 au 9 avril 1929) : Haute-Garonne, 1; Saône-et-Loire, 1; Seine-et-Oise, 1; Lot, 9; Haute-Marne, 11; Lot, 12; Saône-et-Loire, 18; Doubs, 11; Puy-de Dôme, 13; Basses-Pyrénées, 15; Yonne, 15; Haut-Rhin (Belfort), 12; Saône-et-Loire, 1; Houte-Vienne, 35; Oise, 12; Gers, 9; total, 182.

Signalons ici que notre camarade Lucien Roland, après plus de trente années de vie militante, a pris sa retraite de délégué permanent à la propagande. Au nom du Parti tout entier la C. A. P. a exprimé à Roland sa vive gratitude pour les services dévoués et continus qu'il a rendus à notre cause. Puisse notre vénéré camarade prendre, dans sa retraite, le long repos qu'il a tant mérité.

Réunions et délégations des élus et membres des organismes centraux en dehors de leurs départements

Albertin, 16; Andraud, 4; Antonelli, 7; Auray, 2; Auriol, 22; Barthe, 5; Bedouce, 4; Besnard-Ferron, 7; Blancho, 9; Boutet, 4; Bracke, 19; Brenier, 7; Brugnier, 4; Brunet, 5; Buisset, 4; Burtin, 16; Calvet, 15; Camboulives, 4; Capgras, 20; Carmagnolle, 1; Castanet, 12; Chastanet, 11; Chauffet, 4; Compère-Morel, 2; Cotin, 6; Deguise, 3;

Delcourt, 9; Dherbécourt, 4; Evrard, 15; Paul Faure, 36;
Février, 32; Fié, 8; Frossard, 23; Frot, 6; Gamard, 7; Gardiol, 3; Goude, 3; Gouin, 2; Goujon, 4; Gounin, 8; Arsène Gros, 4; Louis Gros, 1; Grumbach, 9; Hymans, 16; Lafaye, 10; Lafont, 11; Laroche, 6; Laville, 6; Lebrot, 17; Locquin, 3; Louart, 2; Luquet, 6; Marquet, 8; Marsais, 7; Masson, 7; Moch, 35; Monnet, 31; Morin, 3; Morizet, 2; Moutet, 4; Nicollet, 7; Nouelle, 6; Parsy, 5; Paul-Boncour, 8; Paulin, 5; Payra, 1; Pelissier, 1; Ramadier, 13; Rauzy, 5; Ravanat, 4; Reboul, 4; Renaudel, 43; Reynaud, 2; Richerand, 3; Richard, 18; Rivière, 16; Rognon, 5; Rouger, 5; Roux, 3; Rucklin, 6; Salengro, 10; Sérol, 6; Sixte-Quenin, 5; Sizaire, 7; Spinasse, 7; Tasso, 4; Tellier, 6; Thiorier, 5; Thomas, 7; Uhry, 6.

Léon Blum, 6; Boin, 1; Broussillon, 1; Suzanne Buisson, 4; Cayrel, 11; Déat, 45; Delépine, 1; Farinet, 8; Fontanier, 3; Guillevic, 3; Léo Lagrange, 9; Gaston Lévy, 1; Louis Lévy, 1; Longuet, 10; Mailly, 1; Montagnon, 4; Marcel Naegelen, 3; Osmin, 3; Séverac, 8; Zyromski, 26.

Propagande écrite.

On trouvera, dans le *Rapport financier*, le relevé des éditions et rééditions faites, pour le Parti, par la *Librairie populaire*.

IX

ÉLECTIONS MUNICIPALES

(*Mai* 1929.)

Au moment où nous préparons ce rapport, la campagne municipale est commencée.

Voici le texte du *Manifeste* lancé par la C. A. P. pour ces élections :

CITOYENS,

Le Parti Socialiste, en son Conseil national du 3 février, a remis au point le programme municipal qui sera développé et défendu par ses candidats dans toutes les communes de France.

Il fait un devoir à tous ses groupes et sections de participer à la lutte activement et de toutes leurs forces.

Les batailles communales ont servi de base à tout le mouvement historique depuis le moyen âge, où bourgeois et artisans commencèrent à s'affranchir de la tyranie des seigneurs et arrachèrent à la monarchie les premières libertés.

La bourgeoisie, une fois maîtresse du pouvoir, chercha sans cesse à réduire les droits et l'indépendance des communes sous la tutelle de l'Etat, qu'elle domine et commande.

Si elle n'a pas complètement réussi, c'est à cause de la résistance énergique de la classe ouvrière et du Socialisme.

Aujourd'hui encore le Parti Socialiste réclame énergiquement l'extension des droits des communes et proteste de toutes ses forces contre la prolongation de la durée du mandat municipal contraire à l'esprit et à la tradition de la démocratie.

Plus que jamais l'action municipale joue un rôle de premier plan dans la politique de notre pays. C'est par elle que la composition du Sénat peut être modifiée; que la plupart des lois sociales, si imparfaites encore, sont appliquées.

Il importe donc au plus haut point que les travailleurs envoient leurs représentants au sein des assemblées communales. C'est pour eux la possibilité de se dégager un peu du joug de leurs oppresseurs et de conquérir une base nouvelle pour étendre et renforcer leur lutte émancipatrice.

Les socialistes dans les municipalités assurent la protection des travailleurs, développent les œuvres de prévoyance sociale. Le vieillard, la mère et l'enfant trouvent en eux de fermes soutiens.

Ils facilitent l'instruction et la rendent davantage accessible à tous les déshérités par les cantines, la gratuité des fournitures de l'enseignement, les colonies de vacances, la création de nouvelles écoles.

Ils répartissent les charges fiscales en frappant la richesse, tout autant que le leur permettent les lois existantes.

Ils s'attachent passionnément aux problèmes de l'hygiène

publique, et du logement. Leurs plans d'embellissement sont établis avec le souci de donner de l'air et de la lumière à tous.

Dès que les travailleurs ont chassé les partis bourgeois des hôtels de ville pour les remplacer par des socialistes ils se sentent réellement chez eux et la « Maison Commune » prend alors toute sa signification.

Plus ils occuperont de municipalités, et plus leur tâche sera facilitée lors de leur avènement au pouvoir, maintenant proche, car ils pourront s'appuyer sur des institutions déjà entre leurs mains.

La gestion des affaires communales les prépare à l'administration des rouages de l'Etat de demain.

Au reproche d'incapacité qui lui était fait, la classe ouvrière a répondu victorieusement. Les plus grandes villes de France ont été administrées par des socialistes et leurs pires adversaires ont dû rendre hommage à leurs initiatives fécondes.

CITOYENS,

Ne vous laissez pas prendre au piège grossier de ceux qui viennent vous dire qu'il n'y a pas de politique dans l'administration des communes.

N'oubliez pas que le Sénat, qui presque toujours fait obstacle aux lois de progrès et de démocratie, est nommé surtout par les délégués des conseils municipaux.

La vérité, c'est que la plupart des grandes questions politiques et sociales, qui se discutent et se votent au Parlement, ont d'inévitables répercussions dans les communes, soit pour des enquêtes préparatoires, soit pour l'application des lois elles-mêmes.

Ne s'évade pas qui veut de la politique et celui qui prétend n'en pas faire est souvent celui qui en fait le plus et de la plus mauvaise parce qu'elle est plus dissimulée et plus hypocrite.

Allez-vous charger un clérical de la défense de l'école laïque?

Ferez-vous confiance pour l'exécution des lois d'hygiène et pour la lutte contre les taudis et les logements insalubres à ceux qui vivent dans des parcs fleuris et des demeures princières?

Demanderez-vous à un gros patron usinier de surveiller l'application des lois sociales qu'il a combattues?

Attendez-vous des conseillers réactionnaires qu'ils votent au Sénat pour des hommes de justice fiscale, de démocratie, de lutte contre le capitalisme malfaisant et l'emprise des puissances bancaires, pour des hommes résolus à travailler sans relâche à l'affranchissement des travailleurs et à l'organisation de la paix du monde?

Ce serait vous livrer vous-mêmes et livrer vos familles, votre classe et votre nation à plus de misère, de servitude et de risques de guerre.

CITOYENS,

Le Parti Socialiste vous appelle une fois encore à secouer vos chaînes et à faire un pas de plus vers votre libération, en votant partout pour ses listes et pour son programme aux élections municipales.

X

QUESTIONS DIVERSES

Relations internationales.

La C. A. P. n'ayant pu envoyer de délégués à quelques congrès d'autres sections de l'Internationale (notamment des Partis socialistes d'Espagne et de Bulgarie), elle leur en a exprimé ses regrets et leur a adressé ses vœux fraternels.

Elle s'est fait représenter au congrès de la social-démocratie allemande.

Après d'assez longs pourparlers, la C. A. P. a obtenu qu'une conférence des socialistes d'Allemagne, d'Angleterre, de Belgique et de France se tînt à Londres en février 1929, pour une étude commune des problèmes intéressant directement ces quatre pays et, plus particulièrement, le contrôle international du désarmement, le pacte général d'assurance contre la guerre, les réparations et l'évacuation de la Rhénanie, Bracke, Longuet et Renaudel y ont représenté notre Parti.

La C. A. P. a désigné Bracke — que la maladie a malheureusement empêché de remplir son mandat — pour la représenter à la cérémonie d'inauguration de la Maison Jaurès à Vienne, à l'occasion du 10e anniversaire de la proclamation de la République en Autriche.

Conformément aux décisions prises par l'Exécutif de l'Internationale, des textes de pétition à la S. D. N. en faveur du désarmement ont été adressées, avec circulaire explicative, à toutes nos sections. Centralisées par le secrétariat du Parti, elles sont adressées au bureau de la S. D. N.

Jeunesses laïques.

Dans sa séance plénière du 9 septembre 1928, la C. A. P. a voté à l'unanimité moins une voix la motion suivante :

Le Parti Socialiste est fermement attaché à la laïcité de l'Etat, et il n'entend négliger en rien la lutte en faveur de cette laïcité qui reste une nécessité d'éducation.

A ce titre, il s'intéresse et recommande à ses membres des

organisations qui se proposent de défendre ou de développer l'esprit laïque.

Il se sent seulement tenu, à l'égard des membres du Parti adhérant à des groupements qui se proposent des buts de propagande laïque de les mettre en garde contre les tentatives faites pour détourner ces groupements à l'instar de la Fédération des jeunesses laïques et républicaines, vers une activité politique qui se trouverait en contradiction avec les principes et l'action du Parti socialiste lui-même.

Aux socialistes, qui pour des raisons de pénétration et de recrutement se trouvent dans de tels goupements, le Parti rappelle que le devoir constant est de tendre à la formation des jeunesses adhérentes à la Fédération Nationale des Jeunesses Socialistes, et à l'éducation de militants nouveaux pour notre Parti.

Il leur rappelle enfin qu'ils doivent réclamer toujours que les organisations laïques auxquelles ils appartiennent, restent sur le terrain exclusif de la propagande et de l'éducation, et qu'à ce titre, ils devront s'abstenir de participer à toutes organisations qui perdraient ce caractère.

Réunion commune de la C.A.P. et du G.S.

Le 11 novembre 1928, en pleine crise ministérielle, le G. S. a profité de la tenue d'une séance plénière de la C. A. P. pour inviter celle-ci à une réunion commune.

A cette réunion a été voté le texte suivant :

La Commission administrative permanente plénière et le Groupe parlementaire du Parti socialiste, délibérant en commun, déclarent, une fois de plus, que le Parti socialiste est toujours prêt à assumer la charge et la responsabilité du pouvoir, qu'il est toujours prêt à donner son appui à tout effort loyal et courageux de réforme démocratique, qu'il est toujours prêt à confronter à la lumière des circonstances du moment, d'une part, la nécessité de défendre les institutions républicaines ou l'existence des conditions lui permettant d'imprimer une impulsion déterminante au rythme de transformation économique de la Société; d'autre part les dangers que peut présenter la participation au point de vue de l'action ouvrière, mais ils constatent qu'au moment où le Parti délibère, un gouvernement se forme en dehors de lui et du plus important des groupes qui avaient fait appel à son concours; que ce gouvernement constitué sous le même chef, selon le même principe et avec le même programme que le ministère précédent, tend manifestement à faire revivre, surtout après la rupture avec le Parti radical-socialiste, un véritable Bloc national plus dangereux encore que l'Union nationale; que, contre ce gouvernement la seule attitude que le Parti puisse adopter est celle d'une opposition catégorique et que la position prise par d'autres partis vis-à-vis du nouveau ministère de Bloc national lui permettra d'apprécier la sincérité des offres qui lui avaient été faites.

Une demande du Puy-de-Dôme concernant Alexandres Varenne

La Fédération du Puy-de-Dôme ayant demandé à la C. A. P. si elle pouvait lui donner l'assurance qu'une demande éventuelle de réintégration du citoyen Varenne ne ferait pas naître des débats irritants dans le Parti, la C. A. P., après discussion dans sa séance du 21 novembre 1928, a informé la Fédération qu'elle ne pouvait pas lui donner cette assurance.

Ultérieurement, la Fédération du Puy-de-Dôme a fait connaître au Secrétariat du Parti qu'elle était unanime à demander au plus prochain Congrès national de prononcer la réintégration de Varenne.

L'Indemnité parlementaire.

Dans sa séance du 19 décembre 1928, la C. A. P. a pris la résolution suivante :

La C. A. P. rappelle que le Parti socialiste s'est toujours prononcé, comme tous les partis démocratiques, pour la rétribution des mandats électifs, qui doivent logiquement absorber une partie importante du temps d'activité des élus.

La C. A. P. pense donc que l'indemnité parlementaire des élus doit être en rapport avec la dignité du mandat qu'ils exercent et le maintien de leur indépendance vis-à-vis de tout ce qui n'est pas l'organisation politique à laquelle ils adhèrent.

Le Groupe socialiste ayant voté à l'unanimité le relèvement de l'indemnité parlementaire, en le liant, d'ailleurs, au problème des incompatibilités, la C. A. P. invite les fédérations à conformer leur action à ce vote, et les élus du Sénat à voter comme les élus de la Chambre.

La Maison du Parti.

La C. A. P. a été unanime à donner son concours le plus actif à l'initiative prise par Compère-Morel et qui a eu pour effet de doter le Parti de la maison qui abrite ses services et ceux du *Populaire*. La Librairie est cependant restée à l'ancien siège, où le voisinage de la Fédération de la Seine est favorable à ses opérations.

Conflits et sanctions.

Dans sa séance du 27 février, et sur proposition de sa sous-commission des conflits, la C. A. P. a estimé que les camarades exclus du Parti, mais ayant fait appel de cette sentence devant une juridiction supérieure, doivent être tenus pour privés du droit de délégation, aussi bien à l'intérieur du Parti (Conseils fédéraux, nationaux, etc.) qu'à l'extérieur (Missions, propagande, candidatures, etc.). Si l'exclusion a été prononcée contre toute une section, celle-ci ne pourrait être représentée dans les assemblées fédérales par un membre d'une autre section que si les statuts fédéraux ont prévu cette représentation.

La durée du mandat municipal.

Dans sa séance du 13 mars 1929, la C. A. P. a décidé à l'unanimité :

a) Qu'il est conforme aux principes démocratiques, souvent affirmés par le Parti, de lutter contre la prolongation du mandat municipal;

b) Qu'il convient de rappeler aux élus socialistes la nécessité de réaliser l'unité de vote, laquelle interdit de prendre, soit dans un scrutin, soit dans un débat des Chambres, une attitude contraire à celle que le Groupe a prise à la majorité, à la suite d'une délibération régulière;

c) Que le Groupe socialiste au Parlement, en s'opposant à la prolongation du mandat municipal, posera la question de la revision de la loi municipale de 1884, dans le sens d'une extension des pouvoirs des municipalités;

d) Que la Fédération nationale des municipalités socialistes sera invitée à étudier, sans délai, ce problème de la revision de la loi de 1884.

Nos Fédérations.

Notre Parti compte une Fédération de plus, celle de la Haute-Loire, dont on peut espérer qu'elle comptera 200 adhérents à la fin de l'année. Il ne reste donc plus qu'un département sans Fédération, celui de la Mayenne. Mais nous y avons quatre sections et on peut espérer que l'année ne s'achèvera pas sans que sa fédération soit constituée.

Correspondance du Secrétariat.

Du Congrès de Toulouse au 20 avril 1929, le Secrétariat du Parti a expédié 5.465 lettres numérotées F/E 1 à F/E 3.707, et S/P 1 à S/P 1.758. Il a lancé 17 circulaires, numérotées de 81 à 97, dont l'expédition, jointe à celle de convocation de tous ordres, a nécessité 2.959 envois postaux.

XI

NOS MORTS

Depuis le Congrès de Toulouse, la mort a privé le Parti de plusieurs de ses militants les plus dévoués.

Parmi ceux dont nous avons, cette année, à déplorer la perte, se trouvent nos camarades *Jules Nadi*, député de la Drôme, décédé le 9 novembre 1928; *Lagelée*, membre de la C. A. P., décédé le 25 novembre 1928; *Adrien Pressemane*, ancien député de la Haute-Vienne, décédé le 6 janvier 1929, et *Yvan Pélissier*, député de l'Aude, décédé le 19 février 1929.

A ces quatre noms, il faudrait pouvoir joindre ceux, plus nombreux, des militants du rang, dont la mort a créé des vides dans trop de sections et de fédérations du Parti.

Tous, obscurs ou non, ont droit à notre reconnaissance et à notre piété. Tous ont servi notre Parti de leur vivant. Tous le servent encore après leur mort, puisque leur souvenir rend plus étroits et plus fraternels les liens unissant entre eux les membres de la grande famille socialiste.

Le Secrétaire général-adjoint :
J.-B. SÉVERAC.

RAPPORTS
de la
TRÉSORERIE

———

Budget prévisionnel pour l'Exercice 1929

Adopté par le Conseil National des 2 et 3 février 1929

J'ai l'avantage de vous soumettre le projet de budget du Parti, tel qu'il a été arrêté par la C. A. plénière dans sa séance du 11 novembre 1928.

Le budget se présente dans son ensemble avec une prévision de recettes de...................... 1.434.880 »

Et une prévision de dépenses de...... 1.409.410 »

Soit un excédent de recettes de.... 25.470 »

RECETTES

Nous maintenons au budget de 1929 la majoration de 0 fr. 50 par timbre votée par le Congrès de Noël 1927, en faveur du *Populaire*, cette majoration devant être maintenue tant que l'exploitation du *Populaire* se présentera en déficit.

Nous maintenons en ce qui concerne les cartes et les timbres les mêmes chiffres que ceux prévus en 1928, ces chiffres devant être aisément atteints en 1929.

Nous inscrivons en recettes 10.000 francs pour la vente des règlements, ces derniers devant être réimprimés en raison des modifications apportées dans l'organisation du Parti.

La cotisation des élus parlementaires est calculée en tenant compte du nombre des députés et sénateurs du Parti, chacun d'eux devant verser 230 francs par mois, soit 200 francs pour la caisse du Parti et 30 francs comme participation aux frais de fonctionnement du Secrétariat du Groupe socialiste parlementaire.

DEPENSES

La somme prévue pour le personnel a été augmentée, en raison de certaines améliorations de salaires accordées aux fonctionnaires du Parti.

Augmentation, également, pour les frais de siège.

Inscription au budget d'une somme de 7.000 francs, à titre de premier versement à un fonds de retraite pour le personnel.

Inscription d'une somme de 145.000 francs pour l'annuité de remboursement et d'intérêt pour la Maison du Parti.

Nous avons également inscrit les sommes nécessaires aux charges d'assurances sociales pour le personnel; les sommes non employées à cet effet en 1929 seront affectées au fonds de retraite.

Au budget de propagande, accroissement de crédit pour les délégués permanents, dont le traitement est augmenté.

Inscription d'un crédit de 8.400 francs pour la retraite de Lucien Roland.

Inscription, enfin, d'un crédit de 76.000 francs, pour le fonctionnement du Secrétariat du Groupe parlementaire, une partie importante de cette somme étant compensée par un versement supplémentaire des élus et une contribution de la Fédération des municipalités socialistes.

Sur le surplus du budget, peu de différences notables. Les grosses variations entre certains chiffres de 1928 et ceux de 1929 provenant surtout de recettes et de dépenses occasionnelles causées par les élections législatives d'avril 1928.

Le Rapporteur,

Eugène GAILLARD.

Secrétaire de la Commission des Finances.

BUDGET PRÉVISIONNEL POUR L'EXERCICE 1929
DU SECRÉTARIAT DU GROUPE SOCIALISTE AU PARLEMENT

RECETTES			DEPENSES		
114 élus à 360 francs...............	41.040	»	Personnel	61.200	»
Subvention Fédération Nationale des Municipalités socialistes	5.000	»	Assurance	3.060	»
Contribution du Parti...............	30.420	»	Matériel	4.000	»
			Frais de Bureaux.................	2.000	»
			— d'envois	1.000	»
			— de perception	1.200	»
			— d'archives	1.000	»
			— de propagande	3.000	»
	76.460	»		**76.460**	»

RECETTES

A. — *Ordinaires :*

20.000 cartes permanentes .... 15.000 »

100.000 feuilles cotisations .... 150.000 »

100.000 règlements .... 10.000 »

900.000 timbres .... 900.000 »

B. — *Extraordinaires :*

Intérêts des fonds placés..................... 2.000 »

Fonds Mateotti .... 3.300 »

Impression du Congrès National................ 6.400 »

TOTAUX....... 1.086.700 »

POUR L'EXERCICE 1929

Administratif

DÉPENSES

A. — *Administratives* :

Personnel	102.600	»
Frais du siège	41.000	»
— du bureau	2.000	»
— de correspondance	4.000	»
— d'envois	4.000	»
— divers d'administration	1.000	»
— d'archives	2.000	»
Achat de matériel	5.000	»
Assurance accidents	800	»
Impression cartes et timbres	38.000	»
Populaire mensuel	216.000	»
Assurances sociales	5.130	»
Fonds de retraite	7.000	»
Maison du Parti	145.000	»

B. — *Congrès* :

Délégations internationales	10 000	»
Cotisations —	40.700	»
Organisation Congrès national		
Voyages des délégués aux Congrès nationaux		
— — aux Conseils nationaux	70.000	»
Organisation Conseils nationaux		
Délégations C. A. P. plénière		
Impression du Congrès national	10.000	»

C. — *Fonds Matteotti* ... 3.300 »

TOTAL	707.530	»

RECETTES

C. — *Ordinaires* :

Cotisations des parlementaires	317.400 »
— des conseillers municipaux	2.640 »
— des conseillers généraux	1.440 »
Municipalités socialistes (subvention pour le secrétariat du groupe parlementaire)........	5.000 »

D. — *Extraordinaires* :

Dons et timbres de propagande................	9.900 »
Remboursement de prêts......................	2.800 »
Loyer librairie	9.000 »
TOTAL.......	348.180 »
Recettes administratives	1.086.700 »
Recettes totales	1.434.880 »

Propagande

DÉPENSES

D. — *Ordinaires* :

Délégués permanents	72.000	»
Frais, voyages, séjours	52.000	»
Impression, tracts, documents	5.000	»
Assurances accidents	700	»
Assurances sociales	8.280	»
Retraite du personnel	8.400	»
Subvention à la Fédération sportive	1.500	»
Subvention au Comité national mixte	2.000	»
Subvention à Fédération Nationale Etudiants	1.000	»
Secrétariat Groupe parlementaire	76.000	»

E. — *Extraordinaires* :

Subvention pour le *Populaire* quotidien	450.000	»
Organisation des manifestations	5.000	»
Subventions électorales à Fédération	10.000	»
Subventions électorales, tracts, affiches	10.000	»
Total	701.880	»
Dépenses administratives	707.530	»
Dépenses totales	1.409.410	»
Excédent de recettes	25.470	»
Balance	1.434.880	»

RAPPORT DE LA TRÉSORERIE

présenté par le citoyen **J. P. GRANDVALLET**,
Trésorier général

L'EXERCICE FINANCIER

Pour comparer les comptes administratifs de 1928 avec le budget prévisionnel, il faut se rappeler que le Congrès de Noël 1927 a maintenu le prix du timbre à 1 franc, afin de pouvoir continuer à subventionner le *Populaire* de 450.000 francs, somme qui lui est nécessaire pour vivre et se développer.

Si l'on ajoute cette somme aux recettes et aux dépenses totales prévues, il apparaît un excédent de recettes administratives de.................................... 33.927 95
et un excédent de recettes propagande de... 212.993 55

Soit au total........................... 246.921 50

L'excédent de recettes administratives provient de ce que le nombre de nos adhérents est passé de 98.634 en 1927 à 109.892 en 1928, soit un gain de 11.258 adhérents.

L'excédent des recettes de propagande provient surtout de la vente des timbres de propagande électorale, qui produisit 150.250 fr. 90; de l'augmentation de 30 francs par mois que s'imposèrent les élus législatifs pour le fonctionnement du Secrétariat du Groupe socialiste au Parlement, soit 14.700 francs; d'une subvention des municipalités socialistes pour le même objet, de 5.000 francs; de 9.000 francs de la Librairie, pour son loyer; de 5.137 fr. 65 de remboursement de prêts; enfin de 15.330 fr. de souscription des élus parlementaires et de 34.280 fr. sur cotisations des élus.

Nous avons également un excédent de dépenses de 348.707 fr. 65 dû principalement à la réorganisation du Secrétariat du Groupe socialiste au Parlement; aux subventions électorales en espèces, en tracts, affiches et brochures et à l'achat de la Maison du Parti.

Ce qui fait qu'au total l'exercice 1928 se solde par un excédent de dépenses de 101.666 fr. 15, pris sur l'avoir au 31 décembre 1927.

NOTRE SERVICE D'EDITION ET DE LIBRAIRIE

Son développement est continuel, ainsi que l'indique le chiffre de vente de la Librairie populaire :

En 1925..........................	76.501 15
En 1926..........................	87.535 70
En 1927..........................	118.225 95
En 1928..........................	134.764 55

Il nous a permis d'éditer treize brochures et d'en rééditer cinq, soit 92.870 exemplaires, sans que la caisse du Parti ait eu besoin de toucher au crédit de 20.000 francs prévu au budget prévisionnel, ce qui nous permet de faire une distribution gratuite et demi-gratuite de ces brochures lors des élections législatives à tous les candidats et à tous les militants susceptibles de prendre la parole en public.

Il fut vendu cette année 93.982 brochures; pareil résultat n'avait jamais été atteint.

Les nouvelles brochures éditées sont :

Notre Tactique électorale......................	5.000
Rapport du XXV⁰ Congrès......................	4.500
Chiffres et documents, de Cabannes...........	2.000
A travers les scrutins, de Cabannes...........	1.700
La Politique financière, de Moch.............	4.000
Ce qu'est le Parti socialiste, de Ferretti........	12.000
Le Programme électoral......................	5.000
Le Socialisme dans l'action, de Paul Faure.....	10.000
Contre la Réaction, de Paul Faure............	6.000
L'Action du Parti à la Chambre, de Blumel.....	2.000
Stabilisation, par Auriol......................	5.170
Pour les Jeunes, de Bouyer et Louis Lévy......	5.000
La Jeunesse socialiste, de Ghesquière..........	5.500

Furent rééditées :

Le Socialisme et la Terre, de Compère-Morel..	6.000
Socialisme utopique, d'Engels.................	3.000
Radicalisme et Socialisme, de Léon Blum......	4.000
Bolchevisme et Socialisme, de Léon Blum......	6.000
Pour être Socialiste, de Léon Blum...........	6.000

La lecture du bilan vous montrera que le solde créditeur qui était de 9.658 fr. 55 au 31 décembre 1927, est de 36.055 fr. 40 au 31 décembre 1928.

La situation de ce service est donc bonne. Elle est due, d'une part, au dévouement de notre camarade Ferretti, secondé par la publicité du *Populaire* et de quelques journaux fédéraux. Et, d'autre part, aux militants qui ont répondu plus nombreux à nos appels. Il ne tient qu'à tous les adhérents à notre Parti que ce service ne prenne encore plus d'extension et nous espérons que 1929 marquera encore un progrès appréciable.

CAISSE DE RETRAITE

Le Parti doit, tout le premier, se préoccuper de l'application des assurances sociales. C'est pour cette raison que dès cette année, nous avons prévu l'application de cette loi de progrès social aux employés et aux fonctionnaires de notre organisation.

En fait, tous les employés dont l'âge et le montant du salaire le permettent devront faire le choix de la caisse primaire ou société mutuelle à laquelle devront être versés les 10 % prévus : soit 5 % du salaire versé par le Parti et 5 % du salaire retenu sur la paye de l'intéressé.

Mais notre devoir ne serait pas complètement rempli si nous ne songions pas à la vieillesse de ceux de nos camarades trop âgés pour participer au bénéfice de cette loi. Pour ceux-là le Parti, à titre provisoire, a créé un fonds de retraite destiné à donner à chacun d'eux une retraite de 1/50 de leur traitement *fixe* par année de service, mais dont la jouissance ne serait possible qu'à l'âge de 60 ans.

Ce fonds de retraite est alimenté par une retenue de 5 % sur le salaire et par un versement de 5 % de la caisse du Parti, auquel viendra s'ajouter annuellement une somme X déterminée chaque année, que nous avons fixée pour 1929 à 7.000 francs.

Ces fonds sont placés sur un compte spécialement affecté au service du fonds de retraite et ne pourront être détournés de cette affectation.

COMPTE ADMINISTRATIF DU SECRÉTARIAT DU GROUPE SOCIALISTE AU·PARLEMENT POUR 1928

RECETTES			DEPENSES	
490 cotisations à 30 francs.........	14.700	»	Personnel	33.295 »
Subvention fédér. des Municipalités..	5.000	»	Matériel	6.439 65
Contribution du Parti...............	24.572	05	Frais de bureau.....................	1.568 25
			— d'envois	240 35
			— de perception	113 20
			Documentation et archives...........	35 15
			Manifestations	798 50
			Propagande	1.662 15
				44.152 25
			Reste à la caisse du Secrétariat......	119 80
		44.272 05	Balance.............	44.272 05

DEPENSES

A. — *Ordinaires :*

30.240 cartes perm. ...	22.680	»
109.892 feuilles cot. ...	159.788	»
151 Règlements	15	10
915.339 timbres	909.399	50
Trop perçu	565	80

——————— 1.092.448 40

B. — *Extraordinaires :*

Intérêts fonds placés...	12.409	50
Fonds Mattéotti	4.347	45
Recettes diverses	63	60
Impress. Cong. Nation..	6.180	»

——————— 23.000 55

Totaux............ 1.115.458 95

DE L'EXERCICE 1928

ADMINISTRATIF

RECETTES

A. — *Administratives* :

Personnel	89.100	»
Frais de siège.........	35.794	65
— du Bureau	1.519	95
— de correspondance	3.608	»
— d'envois	3.506	25
— divers d'admin. .	475	75
— d'archives	2.403	50
Achat matériel	»	
Assurance accidents ...	800	»
Impress. C. et T.......	23.158	50
Populaire mensuel ..	232.623	»
Assurances sociales....	»	
Fonds de retraite......	»	
Maison du Parti.......	235.761	60
	628.751	20

B. — *Congrès* :

Délégation internat....	17.871	65
Cotisations	26.197	45
Organis. Cong. Nat.....	10.881	25
Sténogr. Cong. Nat.....	3.983	70
Voyages des délégués aux Congrès Nationaux ...	20.446	50
Voyages des délégués aux Conseils Nationaux...	12.022	50
Organis. Conseils Nat..	2.941	50
Délég. C.A.P. Plén.	9.953	90
Commission des Conflits	105	70
Impress. du Cong. Nat. C. — *Fonds Mattéotti*..	4.987	45
	109.391	50
Total...........	**738.142**	**70**

RECETTES

C. — *Ordinaires* :

Cotisat. Parlement	267.395	»
— Conseil Munic..	2.800	»
— Conseil Gén. ..	1.680	»
Municipalités socialistes (subv. pour secrétariat Groupe parlement.)..	5.000	»
		276.875 »

D. — *Extraordinaires* :

Souscriptions 1926 des élus à *Populaire*.....	12.530	»
Souscriptions des élus à Maison du Parti	2.800	»
Timbres de propagande	150.250	90
Remboursem. de prêts.	5.137	65
Loyer librairie	9.000	»
		179.718 55

Total............	456.593 55
Recettes administr.	1,115.448 95
Recettes totales	1.572.042 50
Excédent des dépenses...........	101.665 15
Balance..........	1.673.707 65

DE L'EXERCICE 1928

DE PROPAGANDE

DEPENSES

D. — Ordinaires :

Délégués perm.	62.300	»
Frais voyage, séjour...	54.688	70
Impress. tracts, documents	4.760	25
Assurance accidents....	689	75
Subvention à la Fédération Sportive	750	»
Subv. au Comité National Mixte........	2.000	»
Secrét. Gr. parlement..	44.272	05
Frais édition et Librairie	»	
	169.460	**75**

E. — Extraordinaires :

Subv. *Populaire* quotid.	457.669	50
Organisation des manifestations	4.411	75
Subv. élector. à Fédérations	212.317	45
Subv. élector., tracts, affiches	63.584	60
Souscrip. élus *Populaire* quotid. 1926.....	18.120	90
Prêt à Fédération de l'Aube	10.000	»
	766.104	**20**

Total............	935.564	95
Dépenses administratives........	738.142	70
Dépenses totales...	**1.673.707**	**65**

BILAN AU 31 DÉCEMBRE 1928

ACTIF				PASSIF	
Avoir disponible :				Compte liquidation	108.225 15
En caisse.............		45.636 65		Dû aux Fédérations...............	95 50
C. C.	190	185.160 40		cotisations 1929	56.550 50
—	17.125	15.262 11		Dû aux souscriptions à M. du P.....	2.800 »
—	259,33	7.314 35		Dû pour impression Congrès Toulouse	6.180 »
			253.373 51	Dette belge	240.000 »
Avoir sur créances :				Dû sur maison du Parti..........	500.000 »
Dû p. élus au Parlement	32.040	»			
— C. munic.	420	»			
— C. génér.	135	»			
Dû par Féd. de l'Aube...	6.737 50				
— cotis. 1928	772	»			
			40.104 50		
Avoir divers :					
Obligations *Humanité*....	350	»			
Matériel	20.000	»			
Bibliothèque archives...	6.000	»			
Librairie	116.606 70				
Populaire	251.400	»			
			394.356 70		
			687.834 71		
Solde débiteur.........			225.016 44		
Balance			913.851 15	Total........	913.851 15

LIBRAIRIE

BILAN AU 31 DÉCEMBRE 1928

ACTIF			PASSIF		
Matériel (amortissements déduits)....	4.692	70	Parti socialiste	78.449	75
Débiteurs divers	6.193	65	Créditeurs divers	2.101	55
Fournisseurs	1.229	80	Pertes et profits. Bénéfice..........	36.055	40
Caisse	11.185	50			
Marchandises	93.305	05			
	116.606	70		116.606	70

DÉTAIL DU COMPTE PERTES & PROFITS

DEBIT			CREDIT		
Frais généraux :			A nouveau	9.658	55
Loyer	9.000	»	Ventes nettes	66.445	70
Appointements	23.700	»	Recettes exceptionnelles (Commissions)	1.426	25
Téléphone	1.266	»			
Taxe chiffre d'affaires..............	1.525	80			
Patente	1.762	30			
Amortissement matériel	521	40			
Divers	3.699	60			
	41.475	10			
Solde créditeur :					
Bénéfices antérieurs	9.658	55			
Bénéfices 1928	26.396	85			
	77.530	50		77.530	50

Tableau comparatif des Cartes et Timbres 1927-1928

FEDERATIONS	Feuilles Cotisations annuelles	Timbres	Feuilles Cotisations annuelles	Timbres
	Au 31 Décembre 1927		Au 31 Octobre 1928	
Ain	405	3.900	581	3.711
Aisne	700	3.733	1.225	8 418
Algérie	420	4.100	401	2 918
Allier	1.200	10.000	1.150	7.300
Alpes-Maritimes	200	2.400	365	3.000
Ardennes	997	8.838	963	9.025
Ariège	535	4.090	340	3.396
Aube	515	4.310	735	5.125
Aude	1.931	19.494	1.900	15.225
Ardèche	635	7.148	580	5 248
Aveyron	465	4 920	516	4.769
Bouches-du-Rhône	4.720	56 640	5.966	71.592
Basses-Alpes	350	2.370	250	1.200
Basses-Pyrénées	338	3.500	390	2.550
Bas-Rhin (Strasb.)	2.170	23.428	2 850	19.176
Calvados	235	2.200	350	3.050
Cantal	325	3.845	435	2.900
Charente	524	3.908	555	3.949
Charente-Inférieure	892	8.450	932	9.536
Cher	200	2.399	238	2.098
Constantine	450	2.750	380	4.172
Corrèze	400	1.920	450	1.200
Corse	170	1.628	100	1.545
Côte-d'Or	875	8.826	1.140	8.805
Côtes-du-Nord	330	3.232	401	3 600
Creuse	1 200	10.000	1.100	9.730
Dordogne	525	4.451	770	5.000
Doubs	330	2.510	654	4.150
Drôme	470	4.000	1.312	11.100
Deux-Sèvres	500	4.882	610	5.059
Eure	448	3.879	571	4.525
Eure-et-Loir	160	1.218	414	1.900
Finistère	1.809	18.700	1.405	13.000
Gard	1.425	14.977	2.050	20.500
Gers	650	7.288	808	8.800
Gironde	4.105	35.200	4.500	32.750
Guadeloupe				
Haute-Garonne	1.750	17.760	1.910	17.175
Hérault	2.540	27.000	2.626	21.958
Hautes-Alpes	332	3.150	355	3.347
Haute-Loire			10	100
Haute-Marne	168	1.540	175	1.200
Hautes-Pyrénées	160	1.500	120	1.200
Haut-Rhin (Belfort)	500	4.094	588	3.635
Ht-Rhin (Mulhouse)	2.000	23.000	2.200	13.274
Haute-Saône	800	5.940	751	4.811
Haute-Savoie	300	4.000	501	3.487
Haute-Vienne	2.550	23.750	2.600	21.575
Isolés	51	603	141	1.692
Ille-et-Vilaine	610	4.680	645	4.715

Tableau comparatif des Cartes et Timbres 1927-1928 *(Suite)*

FEDERATIONS	Feuilles Cotisations annuelles	Timbres	Feuilles Cotisations annuelles	Timbres
	Au 31 Décembre 1927		Au 31 Octobre 1928	
Indre	500	2.450	809	3.720
Indre-et-Loire	697	7.274	800	7.600
Isère	1.855	16.370	2.145	14.190
Jura	800	8.000	1.000	8.000
Landes	201	1.260	170	1.200
Loir-et-Cher	700	7.611	550	5.385
Loire	659	5.590	700	5.700
Loire-Inférieure	760	7.560	766	7.552
Loiret	370	3.760	350	3.352
Lot	725	7.890	705	6.466
Lot-et-Garonne	310	2.550	300	2.000
Lozère	354	4.384	307	3.460
Martinique	316	2.705	350	1.053
Maine-et-Loire	250	2.140	240	2.277
Manche	140	1.200	127	1.207
Marne	1.320	10.750	1.857	15.200
Maroc	247	2.570	316	2.940
Meurthe-et-Moselle	350	2.100	342	1.650
Meuse	150	1.200	170	600
Moselle (Metz)	110	2.130	255	1.990
Morbihan	600	4.980	450	3.975
Mayenne	25	300	85	875
Nièvre	575	4.498	980	7.100
Nord	12.000	110.000	12.000	100.000
Oise	950	6.625	1.220	8.500
Oran	375	2.800	300	2.000
Orne	350	3.276	385	3.040
Pas-de-Calais	4.300	35.000	4.380	33.005
Puy-de-Dôme	2.300	23.360	2.450	23.500
Pyrénées-Orientales	490	4.829	637	5.810
Rhône	2.450	25.000	2.775	24.000
Saône-et-Loire	3.000	28.000	2.900	25.025
Sarthe	362	4.000	870	5.415
Savoie	505	5.350	400	4.050
Seine	5.200	50.000	6.320	52.000
Seine-et-Marne	929	7.602	995	6.700
Seine-et-Oise	2.005	19.500	2.250	20.000
Seine-Inférieure	730	6.000	780	5.100
Sénégal	950	8.705		
Somme			895	7.000
Tarn	1.521	17.165	1.527	17.124
Tarn-et-Garonne	400	3.850	915	5.200
Tunisie	250	2.100	300	3.400
Tonkin				
Var	1.435	17.072	1.448	17.096
Vaucluse	600	5.500	885	5.800
Vendée	405	3.940	410	3.850
Vienne	265	2.370	320	2.250
Vosges	695	5.224	500	3.200
Yonne	348	3.135	267	2.790

REPRÉSENTATION DES FORCES FÉDÉRALES FIN 1928

FEDERATIONS	Nombre de Sections	Nombre de Mandats	Nombre de Délégués au Congrès
Ain	24	13	2
Aisne	46	29	3
Algérie	7	11	2
Allier	53	25	3
Alpes-Maritimes	10	11	2
Ardennes	33	31	3
Ariège	21	12	2
Aube	29	18	2
Aude	76	52	5
Ardèche	26	18	2
Aveyron	21	17	2
Bouches-du-Rhône	67	240	17
Basses-Alpes	38	5	2
Basses-Pyrénées	14	9	2
Bas-Rhin (Strasbourg)	38	65	5
Calvados	9	11	2
Cantal	16	11	2
Charente	24	14	2
Charente-Inférieure	24	33	3
Cher	8	8	2
Constantine	8	15	2
Corrèze	16	5	2
Corse	11	5	2
Côte-d'Or	51	30	3
Côtes-du-Nord	13	13	2
Creuse	62	33	3
Dordogne	30	18	2
Doubs	30	15	2
Drôme	38	38	4
Deux-Sèvres	21	18	2
Eure	21	16	2
Eure-et-Loir	12	7	2
Finistère	117	44	4
Gard	89	69	6
Gers	44	30	3
Gironde	103	110	8
Haute-Garonne	69	58	5
Hérault	136	74	6
Hautes-Alpes	19	12	2
Haute-Loire	4	»	1
Haute-Marne	6	5	2
Hautes-Pyrénées	10	5	2
Haut-Rhin (Belfort)	26	13	2
Haut-Rhin (Mulhouse)	36	45	4
Haute-Saône	30	17	2
Haute-Savoie	24	13	2
Haute-Vienne	112	73	6
Ille-et-Vilaine	15	17	2
Indre	19	13	2
à reporter	1.756	1.444	151

RÉPRÉSENTATION DES FORCES FÉDÉRALES FIN 1928

FEDERATIONS	Nombre de Sections	Nombre de Mandats	Nombre de Délégués au Congrès
Report....	1.756	1.444	151
Indre-et-Loire	26	26	3
Isère	89	48	4
Jura	26	28	3
Landes	9	5	2
Loir-et-Cher	12	19	2
Loire	28	20	2
Loire-Inférieure	18	26	3
Loiret	9	12	2
Lot	52	22	3
Lot-et-Garonne	20	8	2
Lozère	22	12	2
Martinique	9	5	2
Maine-et-Loire	8	8	2
Manche	13	6	2
Maroc	8	11	2
Marne	66	52	5
Mayenne	5	»	1
Meurthe-et-Moselle	15	6	2
Meuse	5	»	1
Moselle (Metz)	7	8	2
Morbihan	14	14	2
Nièvre	32	25	3
Nord	236	334	23
Oise	38	29	3
Oran	10	8	2
Orne	14	11	2
Pas-de-Calais	119	111	8
Puy-de-Dôme	83	79	6
Pyrénées-Orientales	16	20	2
Rhône	67	81	6
Saône-et-Loire	110	84	7
Sarthe	55	19	2
Savoie	37	14	2
Seine	94	174	13
Seine-et-Marne	78	23	3
Seine-et-Oise	105	68	6
Seine-Inférieure	27	18	2
Somme	37	24	3
Tarn	36	58	5
Tarn-et-Garonne	30	18	2
Tunisie	7	12	2
Vaucluse	28	20	2
Vendée	16	14	2
Vienne	9	8	2
Vosges	18	12	2
Var	56	58	5
Yonne	14	10	2
Total......	3.489	3.112	317

Tableau de classement en 1927

Représentées par plus de 41 mandats	Ayant plus de 1.000 adhérents	Ayant de 500 à 999 adhérents
1 Nord.	1 Nord.	23 Ardennes.
2 B-du-Rhône.	2 Seine.	24 Somme.
3 Seine.	3 B-du-Rhône.	25 Oise.
4 Gironde.	4 Pas-de-Calais.	26 Seine-et-Marne.
5 Pas-de-Calais.	5 Gironde.	27 Charente-Infér.
6 Saône-et-Loire.	6 Saône-et-Loire.	28 Côte-d'Or.
7 Hérault.	7 Haute-Vienne.	29 Jura.
8 Rhône.	8 Hérault.	30 Haute-Saône.
9 Haute-Vienne.	9 Rhône.	31 Loire-Inférieure.
10 B-Rhin (Stras.).	10 Puy-de-Dôme.	32 Seine-Inférieure.
11 Puy-de-Dôme.	11 Bas-Rhin.	33 Lot.
12 H-Rhin (Mulh.).	12 Seine-et-Oise.	34 Loir-et-Cher.
13 Seine-et-Oise.	13 H-Rhin (Mulh.).	35 Aisne.
14 Aude.	14 Aude.	36 Indre-et-Loire.
15 Finistère.	15 Isère.	37 Vosges.
16 Haute-Garonne.	16 Finistère.	38 Loire.
17 Tarn.	17 Haute-Garonne.	39 Gers.
18 Var.	18 Tarn.	40 Ardèche.
19 Isère.	19 Var.	41 Ille-et-Vilaine.
20 Gard.	20 Gard.	42 Vaucluse.
	21 Marne.	43 Morbihan.
	22 Allier.	44 Nièvre.
	22 *bis* Creuse.	45 Dordogne.
		46 Charente.
		47 Aube.
		48 Savoie.
		49 Deux-Sèvres.
		55 H-Rhin (Belf.).
		51 Indre.

Nombre de sections : 3.375

Tableau de classement en 1928

Représentées par plus de 41 mandats	Ayant plus de 1.000 adhérents	Ayant de 500 à 999 adhérents
1 Nord.	1 Nord.	32 Loire-Inférieure.
2 B-du-Rhône.	2 B-du-Rhône.	33 Allier.
3 Seine.	3 Seine.	34 Nièvre.
4 Pas-de-Calais.	4 Pas-de-Calais.	35 Somme.
5 Gironde.	5 Gironde.	36 Seine-et-Marne.
6 Saône-et-Loire.	6 Saône-et-Loire.	37 Lot.
7 Rhône.	7 Rhône.	38 Pyrénées-Orien.
8 Puy-de-Dôme.	8 Puy-de-Dôme.	39 Vaucluse.
9 Hérault.	9 Hérault.	40 Loire.
10 Haute-Vienne.	10 Haute-Vienne.	41 Sarthe.
11 Gard.	11 Gard.	42 Loir-et-Cher.
12 Seine-et-Oise.	12 Seine-et-Oise.	43 Ardèche.
13 B-Rhin (Stras.).	13 B-Rhin (Stras.).	44 Tarn-et-Garon.
14 Haute-Garonne.	14 Haute-Garonne.	45 Aube.
15 Tarn.	15 Tarn.	46 Seine-Infér.
16 Var.	16 Var.	47 Deux-Sèvres.
17 Aude.	17 Aude.	48 Dordogne.
18 Marne.	18 Marne.	49 Haute-Saône.
19 Isère.	19 Isère.	50 Aveyron.
20 H-Rhin (Mulh.).	20 H-Rhin (Mulh.).	51 Ille-et-Vilaine.
21 Finistère.	21 Finistère.	52 Eure.
	22 Drôme.	53 Doubs.
	23 Creuse.	54 Indre.
	24 Charente-Infér.	55 H-Rhin (Belf.).
	25 Ardennes.	56 Charente.
	26 Côte-d'Or.	57 Ain.
	27 Gers.	58 Haute-Savoie.
	28 Oise.	59 Vosges.
	29 Aisne.	
	30 Jura.	
	31 Indre-et-Loire.	

Nombre de sections : 3.489

Tableau du Recrutement Fédéral

FEDERATIONS	RECRUTEMENT		ADHÉRENTS		GAINS	PERTES
	en 1928	en 5 ans	en 1923	en 1928	en 5 ans	en 5 ans
Ain	107	747	375	581	206	541
Aisne	731	1.509	446	1.225	779	730
Algérie	90	710	200	401	201	509
Allier	250	1 600	800	1.150	350	1.250
Alpes-Maritimes	225	530	35	365	330	205
Ardennes	191	1.180	736	963	227	953
Ariège	96	696	30	340	310	386
Aube	370	890	350	735	385	505
Aude	400	3 066	705	1.900	1.195	1.871
Ardèche	140	1.195	20	580	560	635
Aveyron	90	689	250	516	266	423
Bouches-du-Rhône	2.150	7.790	2.620	5.966	3.346	4.444
Basses-Alpes	»	1.150	9	250	241	909
Basses-Pyrénées	80	674	36	390	354	320
Bas-Rhin (Strasbourg)	»	4.100	1.500	2.850	1.350	2 750
Calvados	195	613	65	350	285	328
Cantal	175	655	50	435	385	270
Charente	175	964	100	555	455	509
Charente-Inférieure	297	1.341	405	932	527	814
Cher	46	200	200	238	38	162
Constantine	100	825	»	380	380	445
Corrèze	100	830	100	450	350	480
Corse	»	471	1	100	99	372
Côte-d'Or	500	1.755	145	1.140	995	760
Côtes-du-Nord	220	875	300	401	101	774
Creuse	200	1.850	400	1.100	700	1.150
Dordogne	380	1.210	150	770	620	590
Doubs	360	798	100	654	554	244
Drôme	910	1.501	210	1 312	1.102	399
Deux-Sèvres	180	835	175	610	435	400
Eure	271	953	140	571	431	522
Eure-et-Loir	102	232	115	414	299	»
Finistère	300	2.950	1.600	1.405	»	3.145
Gard	900	2.693	800	2.050	1.250	1.443
Gers	340	1.265	100	808	708	557
Gironde	1.400	7.100	1.500	4.500	3.000	4 100
Haute-Garonne	510	3.455	532	1.910	1.378	2 077
Hérault	570	4.640	1.756	2.626	870	3.770
Hautes-Alpes	110	600	100	355	255	345
Haute-Loire	10	28	»	10	10	18
Haute-Marne	»	376	»	175	175	201
Hautes-Pyrénées	50	300	20	120	100	200
Haut-Rhin (Belfort)	270	1.171	»	588	588	593
Haut-Rhin (Mulhouse)	»	3.200	1.500	2.200	700	2.500
Haute-Saône	200	1.633	434	751	317	1.316
Haute-Savoie	128	888	100	501	401	487
Haute-Vienne	500	3.955	2.000	2.600	600	3.355
Ille-et-Vilaine	40	910	250	645	395	515

Tableau du Recrutement Fédéral *(Suite)*

FEDERATIONS	RECRUTEMENT		ADHÉRENTS		GAINS	PERTES
	en 1928	en 5 ans	en 1923	en 1928	en 5 ans	en 5 ans
Indre	340	950	150	809	659	291
Indre-et-Loire	183	1.064	415	800	385	689
Isère	530	2.794	1.162	2.145	983	1.611
Jura	400	1.490	»	1.000	1.000	490
Landes	»	367	»	170	170	197
Loir-et-Cher	84	894	200	550	350	544
Loire	300	1.154	139	700	561	593
Loire-Inférieure	226	1.169	530	766	236	933
Loiret	10	396	92	350	258	138
Lot	169	678	156	705	549	129
Lot-et-Garonne	115	563	119	300	181	382
Lozère	70	686	»	307	307	379
Martinique	300	2.200	»	350	350	1.850
Maine-et-Loire	35	375	315	240	»	450
Manche	»	101	50	127	77	24
Marne	745	2.502	380	1.857	1.477	1.025
Maroc	152	766	»	316	316	450
Mayenne	80	118	»	85	85	33
Meurthe-et-Moselle	67	905	50	342	292	613
Meuse	35	343	25	170	145	198
Moselle (Metz)	216	406	20	255	235	171
Morbihan	100	830	120	450	330	500
Nièvre	520	1.087	266	980	714	373
Nord	1 500	12.200	8.000	12.000	4.000	8.200
Oise	450	1.750	700	1.220	520	1.230
Oran	150	600	»	300	300	300
Orne	110	465	200	385	185	280
Pas-de-Calais	900	5.652	4.250	4 380	130	5.522
Puy-de-Dôme	800	3.745	1.355	2.450	1.095	2.650
Pyrénées-Orientales	285	1.048	120	637	517	531
Rhône	700	3.885	1.154	2.775	1.621	2.264
Saône-et-Loire	750	5.197	928	2.900	1.972	3.225
Sarthe	276	456	300	870	570	»
Savoie	30	1.150	»	400	400	750
Seine	2.000	7.596	2.605	6 320	3.715	3.881
Seine-et-Marne	300	1 800	645	995	350	1.450
Seine-et-Oise	600	3.020	835	2.250	1.415	1.605
Seine-Inférieure	150	995	410	780	370	625
Somme	150	2 403	430	895	465	1.938
Tarn	300	1.896	652	1.527	875	1.021
Tarn-et-Garonne	610	1.194	100	915	815	379
Tunisie	100	450	50	300	250	200
Var	276	2.466	1.020	1.448	428	2.038
Vaucluse	300	1.155	200	885	685	470
Vendée	53	532	144	410	266	266
Vienne	71	305	230	320	90	215
Vosges	30	1 201	470	500	30	1.171
Yonne	75	600	»	267	267	333

Prise annuelle de Cartes et Timbres

ANNÉES	NOMBRE		TIMBRES pris pour	
	de Cartes	de Timbres	100 Cartes	Une Carte
1905	34.688	90.910	262	2.62
1906	40.000	334.076	835	8.35
1907	52.913	337.428	637	6.37
1908	56.963	439.156	770	7.70
1909	57.977	452.572	780	7.80
1910	69.085	534.986	774	7.74
1911	69.578	553.065	795	7.95
1912	72.692	581.191	799	7.99
1913	75.192	626.511	833	8.33
1914	93.218	576.184	618	6.18
1915	25.393	146.779	578	5.78
1916	25.879	194.577	751	7.51
1917	28.224	222.298	787	7.87
1918	15.827	145.490	919	9.19
1919	133.277	891.076	668	6.68
1920	179.787	1.417.168	788	7.88
1921	50.449	372.694	738	7.38
1922	49.174	374.805	762	7.62
1923	50.496	402.373	796	7.96
1924	72.659	605.147	832	8.32
1925	111.276	924.098	830	8.30
1926	111.368	1.018.578	914	9.14
1927	98.034	934.446	953	9.53
1928	109.892	915.339	832	8.32

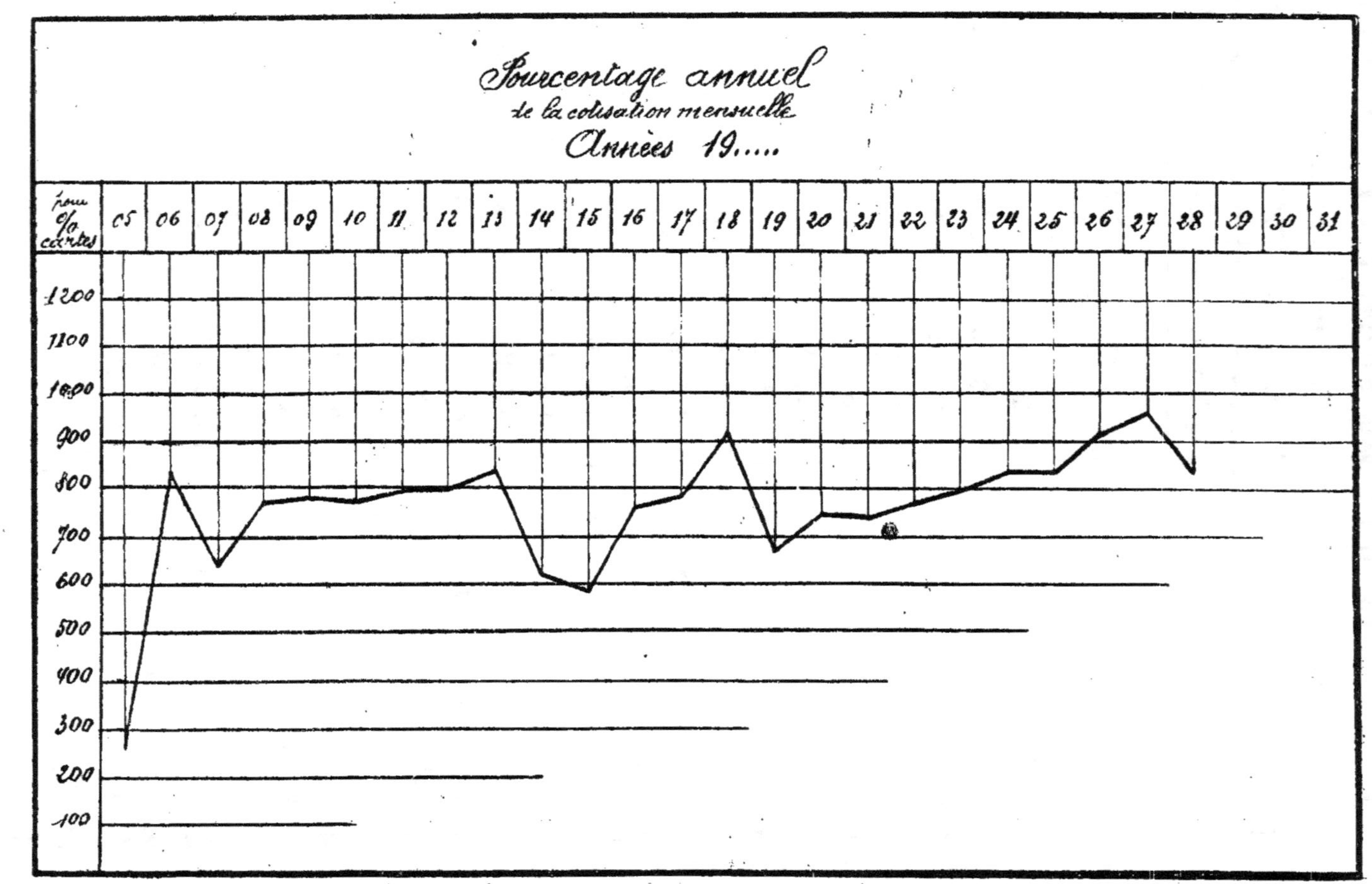

Pourcentage annuel
de la cotisation mensuelle
Années 19.....
pour % cotés
05 06 07 08 09 10 11 12 13 14 15 16 17 18 19 20 21 22 23 24 25 26 27 28 29 30 31
1200
1100
1000
900
800
700
600
500
400
300
200
100

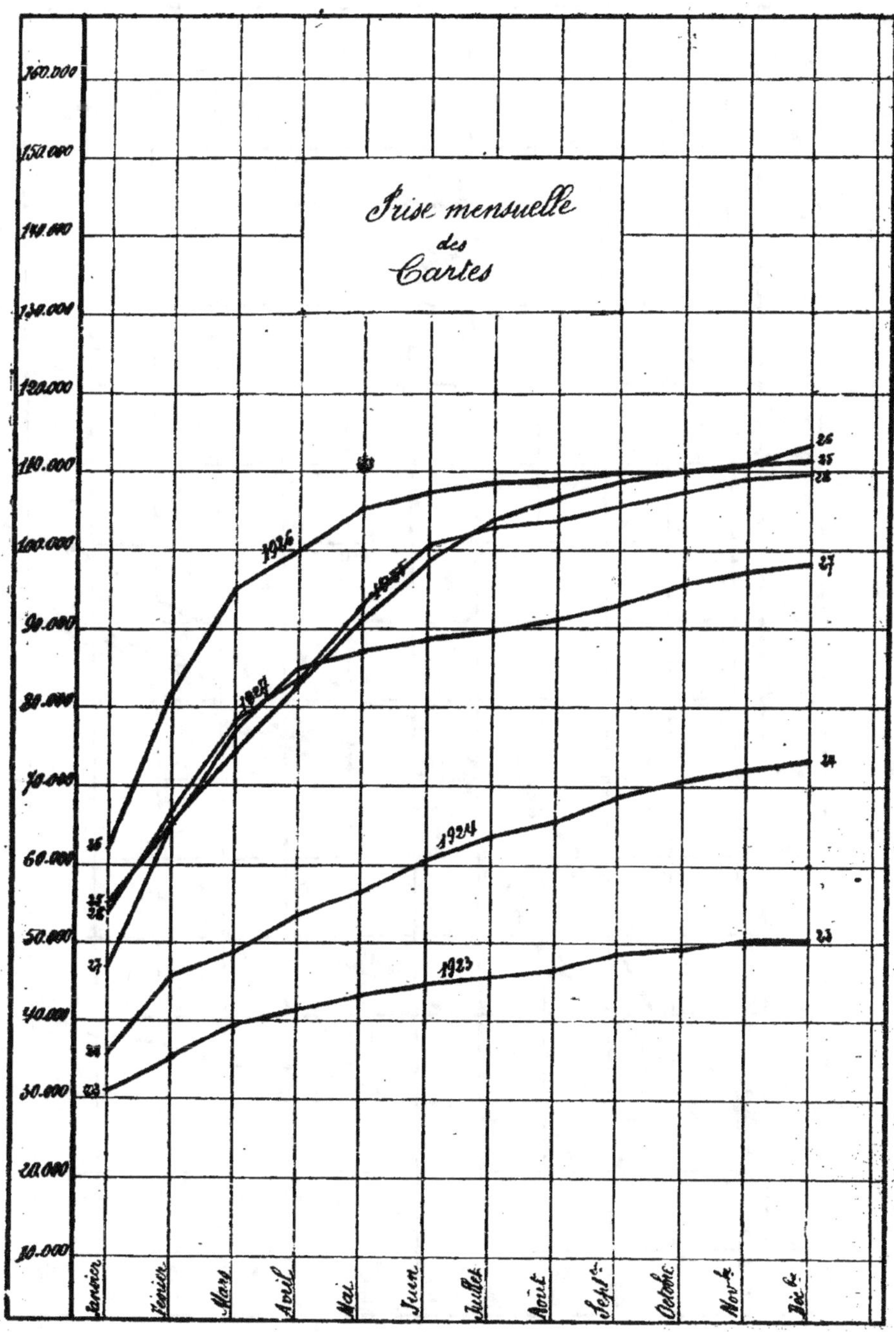
Prise mensuelle
des
Cartes
160.000
150.000
140.000
130.000
120.000
110.000
100.000
90.000
80.000
70.000
60.000
50.000
40.000
30.000
20.000
10.000
1926
1925
1927
1924
1923
26
25
28
27
24
23
Janvier
Février
Mars
Avril
Mai
Juin
Juillet
Août
Sept.
Octobre
Nov.
Déc.

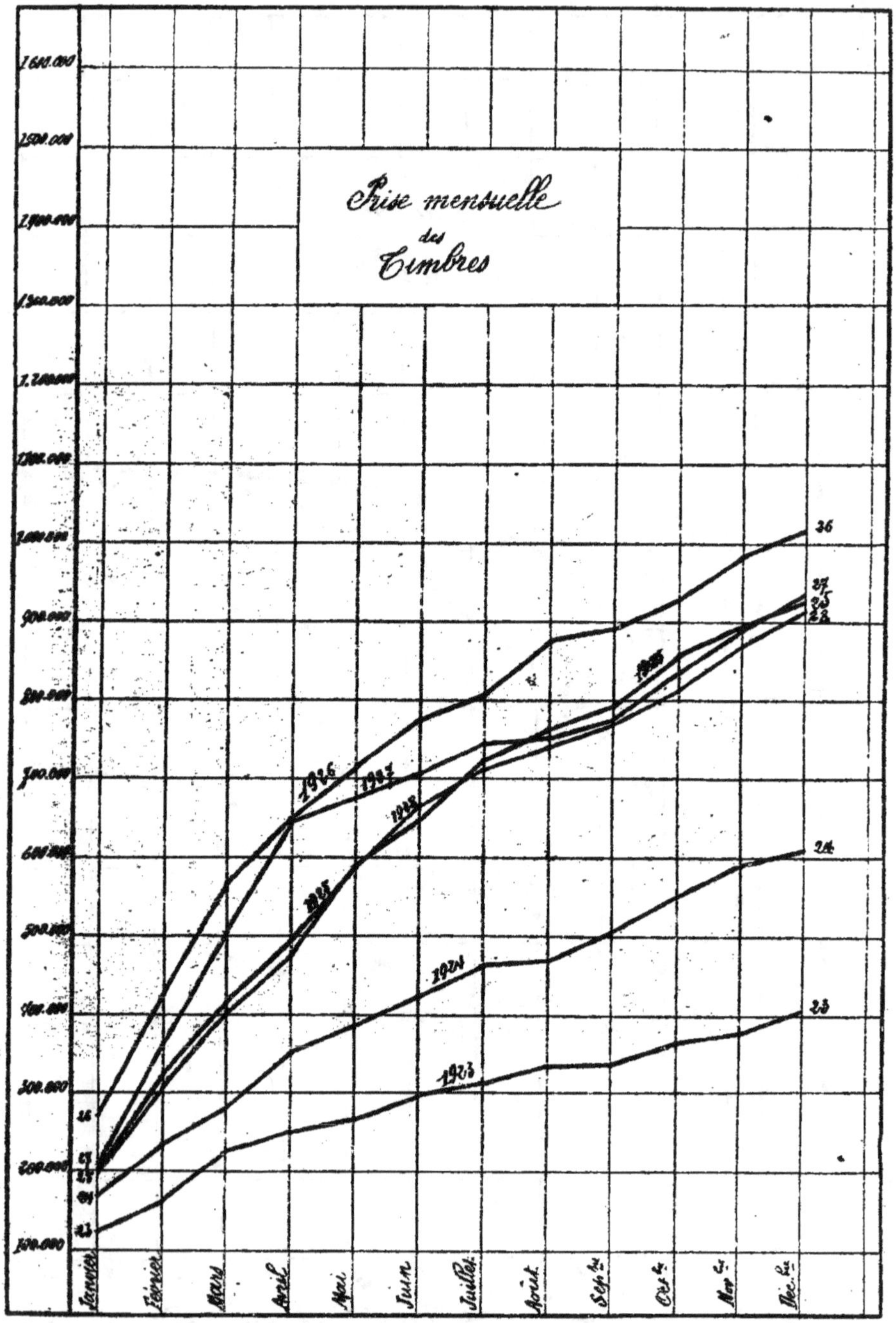

Prise mensuelle
des
Timbres

1.600.000
1.500.000
1.400.000
1.300.000
1.200.000
1.100.000
1.000.000
900.000
800.000
700.000
600.000
500.000
400.000
300.000
200.000
100.000

Janvier
Février
Mars
Avril
Mai
Juin
Juillet
Août
Sept bre
Oct bre
Nov bre
Déc bre

1926
1927
1928
1925
1924
1923

26
27
25
23
24
36

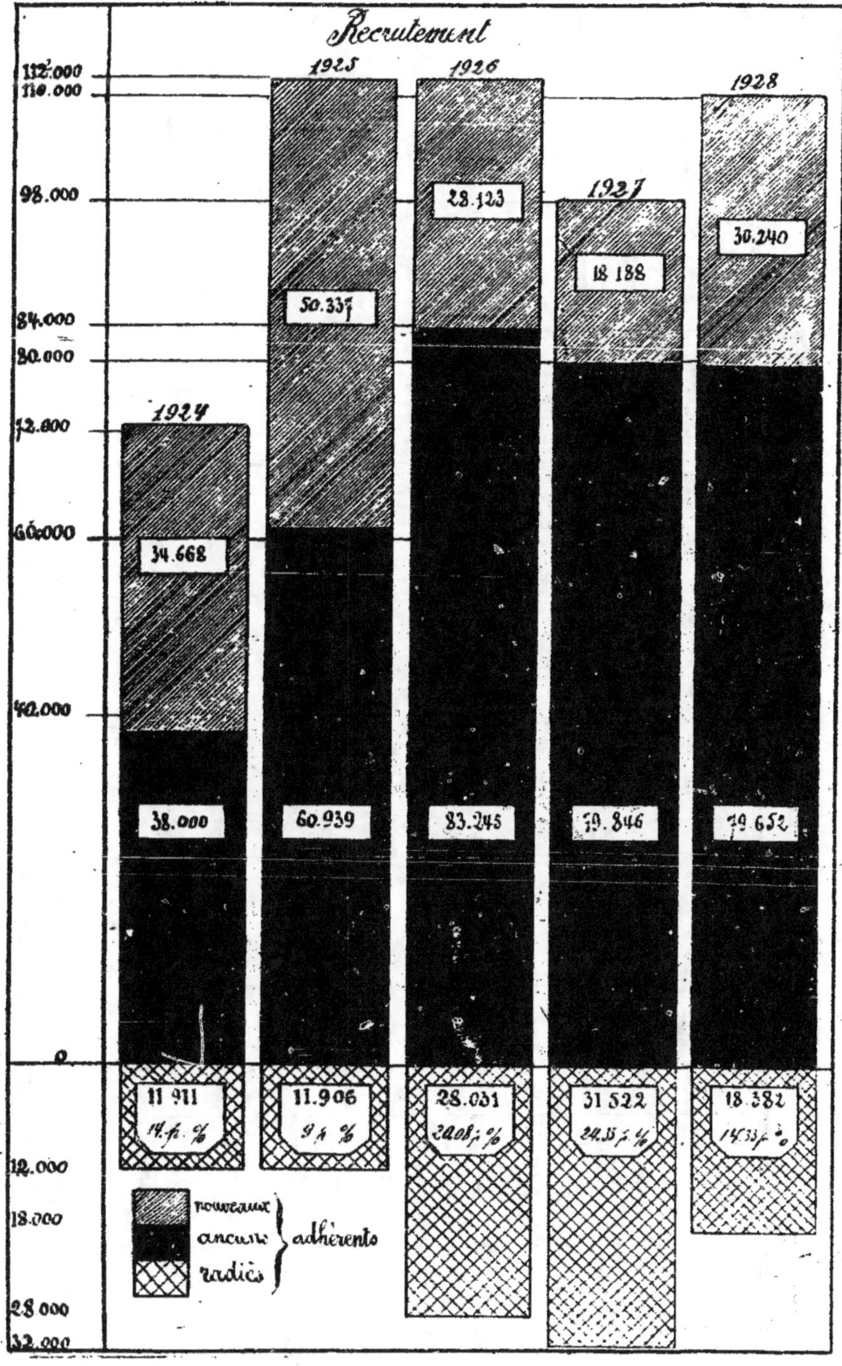

Recrutement
1924
1925
1926
1927
1928
132.000
120.000
110.000
98.000
84.000
80.000
72.000
60.000
40.000
0
34.668
50.337
28.123
18.188
30.240
38.000
60.939
83.245
79.846
79.652
11.911
14.6 %
11.906
9.6 %
28.031
20.08 %
31.522
24.35 %
18.382
14.33 %
12.000
18.000
28.000
32.000
nouveaux
anciens } adhérents
radiés

TAUX DES COTISATIONS

Années	Carte ou F. Cotis. annuelle	Timbres	Cotisation annuelle	Sénateurs et Députés mensuelle	Cotisation annuelle	Conseiller municipal mensuelle	Cotisation annuelle	Conseillers généraux mensuelle	Cotisation annuelle	C. P. ou d'adhésion
1905.....	0.25	0.03	0.61	10	120	10	120	—	—	—
1906.....	—	0 05	0.85	—	—	—	—	—	—	—
1907.....	—	—	—	100	1.200	—	—	—	—	—
1921.....	0.50	0.15	2.30	—	—	—	—	—	—	—
1922.....	—	0.25	3.50	—	—	—	—	—	—	—
1923.....	—	—	—	—	—	—	—	—	—	0 50
1925.....	1.50	0.40	5.30	—	—	—	—	—	—	0.60
1927.....	3 »	0.50	9 »	200	2.400	20	240	15	180	0.75
1928.....	1.50	1 »	13.50	230	2.760	—	—	—	—	—

NOTA. — La C. P. ou carte d'adhésion est délivée au prix de revient.

Isolé : Carte complète 24 fr.

Pour les fédérations des Bas et Haut-Rhin : F. C. 0 fr. 50, timbre 0 fr. 85.

TABLEAU DES ÉLUS

FÉDÉRATIONS	Députés	Sénateurs	Cons. Génér.	Cons. Arr.	Maires	Adjoints	Conseillers municipaux	Conseils municipaux
Ain	1	»	2	2	3	»	36	3
Aisne	3	»	2	4	8	7	96	14
Algérie	»	»	»	»	»	2	8	2
Allier	3	»	7	10	14	»	161	14
Alpes-Maritimes	»	»	»	1	1	»	12	3
Ardennes	1	»	1	»	12	»	197	12
Ariège	1	»	»	»	»	»	19	»
Aube	»	»	2	3	10	5	79	17
Aude	1	»	2	»	10	»	178	10
Ardèche	»	»	3	»	4	»	44	4
Aveyron	1	»	2	4	5	12	86	13
Bouches-du-Rhône	7	»	15	11	9	34	192	27
Basses-Alpes	2	»	2	»	13	»	102	13
Basses-Pyrénées	»	»	»	»	»	»	20	2
Bas-Rhin (Strasb.)	1	»	2	2	6	10	165	26
Calvados	»	»	»	»	3	3	41	4
Cantal	»	»	1	»	1	»	24	2
Charente	1	»	1	2	6	8	98	26
Charente-Inférieure	»	»	»	1	1	3	62	17
Cher	»	»	»	»	6	»	57	6
Constantine	»	»	1	»	»	1	8	2
Corrèze	1	»	1	»	1	»	55	5
Corse	»	»	»	»	1	»	4	1
Côte-d'Or	»	»	1	»	13	»	83	13
Côtes-du-Nord	»	»	»	2	»	1	10	5
Creuse	1	»	1	»	11	»	144	11
Dordogne	»	»	»	»	4	»	24	4
Doubs	1	»	»	»	6	4	50	10
Drôme	3	1	4	5	7	6	66	17
Deux-Sèvres	»	»	»	»	2	»	50	»
Eure	»	»	»	»	2	3	14	10
Eure-et-Loir	»	»	»	»	»	2	9	7
Finistère	2	»	3	2	4	16	205	19
Gard	3	1	2	»	61	»	567	61
Gers	»	»	»	»	3	»	46	3
Gironde	2	»	7	4	14	»	279	14
Guadeloupe	»	»	»	»	»	»	»	»
Haute-Garonne	2	»	9	8	14	»	148	14
Hérault	1	1	12	34	70	80	1.000	220
Hautes-Alpes	1	»	4	3	4	5	33	12
Haute-Loire	»	»	»	»	»	»	»	»
Haute-Marne	»	»	»	»	»	2	15	3
Hautes-Pyrénées	»	»	»	»	»	»	2	1
Haut-Rhin (Belfort)	»	»	1	»	1	1	20	5
Ht-Rhin (Mulhouse)	1	»	3	»	8	19	218	31
Haute-Saône	1	»	2	2	6	9	130	16
Haute-Savoie	1	»	»	»	2	»	37	2
Haute-Vienne	»	3	13	15	98	140	628	102
Ille-et-Vilaine	»	»	1	1	1	3	24	3
Indre	2	»	1	5	4	2	42	19

TABLEAU DES ÉLUS (SUITE)

FÉDÉRATIONS	Députés	Sénateurs	Cons. Gén.	Cons. Arr.	Maires	Adjoints	Conseillers municipaux	Conseils municipaux
Indre-et-Loire	1	»	3	1	3	5	47	6
Isère	4	1	6	»	12	»	208	12
Jura	1	»	»	»	4	»	101	4
Landes	»	»	»	»	3	1	21	3
Loir-et-Cher	2	»	3	4	4	6	162	16
Loire	1	»	2	2	7	10	74	10
Loire-Inférieure	1	»	3	2	2	13	79	8
Loiret	1	»	»	»	5	4	42	10
Lot	»	»	1	1	6	»	86	6
Lot-et-Garonne	»	»	»	4	5	1	20	8
Lozère	»	»	1	1	3	1	32	14
Maroc	»	»	»	»	»	»	»	»
Martinique	1	»	4	»	3	»	72	3
Maine-et-Loire	»	»	»	»	»	»	12	2
Manche	»	»	»	1	2	2	24	3
Marne	»	»	2	1	16	12	140	35
Mayenne	»	»	»	»	»	»	»	»
Meurthe-et-Moselle	»	»	»	1	2	1	5	2
Meuse	»	»	»	»	»	»	4	1
Moselle (Metz)	»	»	»	»	»	»	»	»
Morbihan	»	»	1	1	2	4	46	5
Nièvre	4	»	7	3	9	»	52	9
Nord	6	»	17	2	99	»	1.093	99
Oise	2	»	5	3	10	16	276	37
Oran	»	»	»	»	»	»	»	»
Orne	»	»	»	»	1	2	33	10
Pas-de-Calais	5	»	4	6	59	»	1 200	70
Puy-de-Dôme	3	1	13	7	12	»	215	12
Pyrénées-Orientales	1	»	5	14	26	55	421	49
Rhône	5	2	11	7	14	32	326	40
Saône-et-Loire	5	»	10	20	47	60	700	100
Sarthe	»	»	»	»	2	4	38	5
Savoie	»	»	3	7	4	»	64	4
Seine	3	4	21	»	17	»	452	17
Seine-et-Marne	»	»	1	»	5	»	61	5
Seine-et-Oise	»	»	1	1	7	»	221	7
Seine-Inférieure	1	»	»	1	4	5	76	8
Somme	»	»	3	3	5	11	121	31
Tarn	4	»	»	»	»	»	»	4
Tarn-et-Garonne	1	»	»	1	4	»	26	»
Tunisie	»	»	»	»	»	»	»	»
Tonkin	»	»	»	»	»	»	»	»
Var	4	1	15	14	»	47	252	38
Vaucluse	1	»	1	3	4	»	92	4
Vendée	»	»	»	»	»	»	17	11
Vienne	»	»	3	1	1	1	39	5
Vosges	»	»	»	»	2	»	52	12
Yonne	»	»	1	1	2	2	4	9
TOTAUX	101	15	255	234	862	673	12.604	1.534

RAPPORT DE LA COMMISSION DE CONTROLE

La Commission de contrôle nommée au Congrès de Toulouse s'est réunie de façon régulière pour assurer la vérification des comptes.

Composée cette fois de neuf membres elle a pu, malgré les défections résultant de causes diverses, réunir un nombre suffisant de commissaires à chacune de ses séances.

Toutes les opérations ont été suivies et vérifiées au jour le jour et l'examen détaillé des divers postes n'a révélé aucune erreur.

Nous avons pu constater la régularité de toutes les écritures et la bonne tenue des livres de comptabilité.

Cette année encore, la situation de la librairie s'est améliorée et, avec le trésorier, nous nous félicitons des résultats obtenus et du développement de ce service. Nul doute que si les camarades du Parti s'attachaient à lui faire toutes leurs commandes en ouvrages et brochures de toutes sortes nous arrivions, de ce côté, à une situation très florissante.

Sous le rapport effectifs, il y a également amélioration notable et s'il y a léger fléchissement dans le pourcentage des timbres, cela tient au recrutement dû à la campagne électorale. Il est intervenu seulement en cours d'année.

Les trois premiers mois de 1929 nous offrent aussi à ce sujet des constatations très réconfortantes permettant de se rendre compte que notre Parti est en développement continu, que son état moral est excellent et sa force de rayonnement constamment accrue.

La situation financière accuse un déficit d'une centaine de mille francs; mais si l'on tient compte de l'avance assez élevée consentie par le Parti en faveur de la Maison, il faut reconnaître que les finances sont dans un état prospère.

Les engagements pour le remboursement des prêts divers consentis par la Caisse du Parti sont assez fidèlement remplis et de ce côté nous n'avons rien de particulier à signaler.

Il n'en est pas de même pour un certain nombre d'élus ou d'anciens élus du Parti.

Malgré que chaque année les retards dans les versements aient été signalés, ceux-ci continuent, et il convient même d'indiquer que 1928 a apporté une aggravation. Aussi la Commission de contrôle a estimé qu'il y avait lieu d'informer le Congrès afin que celui-ci envisage les moyens d'arriver à plus de ponctualité dans le versement des sommes dues par les élus. Il en est qui, depuis leur élection, n'ont encore rien versé et sont, de ce chef, redevables de sommes assez importantes.

Ce sont là des faits regrettables dans une organisation qui vit surtout des sacrifices incessants consentis par les militants.

Nous pensons que les quelques élus qui n'ont pas rempli leurs obligations financières voudront bien prendre leurs dispositions pour régulariser leur situation.

Ces observations faites, nous demandons au Congrès de se joindre à la Commission de contrôle pour approuver le compte rendu financier et adresser ses félicitations au trésorier.

Pour la Commission,

Le Secrétaire :

R. NANTILLÉ.

RAPPORT DE LA COMMISSION NATIONALE DES CONFLITS

En tête de son rapport, la Commission nationale des Conflits croit devoir rappeler les Fédérations à l'observation des prescriptions du chapitre VII des statuts pour le règlement de toute demande de contrôle ou de tout conflit pour lesquels elles pourraient avoir à exercer leur autorité.

L'action de nos militants dans le Parti et surtout la confiance que celui-ci leur accorde en leur remettant une carte sont choses importantes qui exigent que l'on ne puisse les limiter ou les supprimer sans avoir pris toutes les précautions nécessaires d'information et d'instruction impartiales et contradictoires complètes, largement ouvertes, garantissant la défense de la partie prévenue. Nul ne doit être condamné sur des pièces qui n'auraient pas été soumises à son examen, et ce n'est pas trop demander que cet axiome de justice bourgeoise soit au moins appliqué au jugement de faits pouvant motiver une sentence prise contre un membre de notre Parti par ses camarades.

La rapidité de l'instruction, la clarté et le bien-fondé des décisions de la Commission nationale sont fonctions de l'observation des recommandations ci-dessus.

La Commission nationale croit aussi prévenir les militants que c'est rendre un mauvais service à la cause qu'ils veulent défendre que d'envoyer, soit directement, soit par personne interposée que l'on croit plus influente, des lettres particulières à tel ou tel de ses membres dans le dessein d'influencer favorablement la Commission dans le sens où voudraient la conduire les auteurs de ces lettres; elle ne peut que savoir mauvais gré à ces militants de la croire susceptible de céder à de pareilles démarches.

CONFLITS

Depuis le Rapport fourni par le Congrès de Toulouse jusqu'à ce jour, la Commission nationale s'est réunie douze fois : les 18 avril, 21 mai, 31 mai, 21 juin, 7 août, 21 septembre, 6 novembre, 4 décembre, 18 décembre 1928, 8 janvier, 5 février, 4 avril 1929.

Elle a été saisie d'un certain nombre de conflits, dont

quelques-uns n'ont pas encore reçu de solutions à l'heure présente; ont été réglés, les conflits suivants :

I. — Le citoyen Lapéronie, de la Fédération de l'Indre, étant intervenu tardivement et sans indications précises dans le conflit entre la section du Blanc et la Fédération de l'Indre, la Commission, sur le rapport de la citoyenne Buisson, fait demander aux camarades intervenant s'ils maintiennent leur demande de contrôle et les points précis sur lesquels ils en appellent à elle. Sans réponse, l'affaire a été classée.

II. — Appel du citoyen Milou contre une décision de la Fédération de la Marne le frappant d'exclusion pour certains actes contraires à l'intérêt de la Fédération. La procédure suivie par la Fédération n'étant pas conforme au minimum des règles exigées par les statuts, il est demandé à la Marne de procéder à une nouvelle instruction. Sur la connaissance de celle-ci, la Commission des conflits, sur le rapport de Drouot, rapporte la sentence d'exclusion, mais vote contre Milou la peine d'un blâme sévère avec autorisation pour la Fédération de la Marne de le rendre public.

III. — Appel du citoyen Renaitour contre la sentence de la Fédération de l'Yonne qui le frappe d'exclusion pour avoir été candidat dans la 1re circonscription d'Auxerre-Avallon contre la volonté de la Fédération.

Sur le rapport de la citoyenne Buisson, la Commission confirme la sentence fédérale, les faits étant absolument prouvés, et le citoyen Renaitour ayant dédaigné de répondre à toutes demandes d'explications qui lui furent adressées par la citoyenne chargée du rapport.

IV. — Appel du citoyen Fonteny contre une décision de la Fédération de la Seine qui le frappe d'exclusion pour certains faits gravement repréhensibles qui se sont passés dans une organisation où sont inscrits une quantité de membres du Parti. La citoyenne Buisson, chargée du rapport, informe la Commission que le citoyen Fonteny fut depuis candidat dans la Meurthe-et-Moselle, en avril 1928, contre un candidat du Parti. La demande d'appel du citoyen Fonteny n'est pas retenue, car aux premières raisons d'exclusion, ce citoyen a ajouté celle de reconnaître avoir volontairement négligé de reprendre sa carte du Parti depuis 1927.

V. — Demande de contrôle par le citoyen Maurin contre le citoyen Barabant, député de la Côte-d'Or, pour des propos tenus sur lui au Congrès fédéral de la Côte-d'Or à l'occasion de la serviette Maranne.

Au cours d'une audition en séance de la Commission, le citoyen Maurin fut amené *à offrir* l'examen de la comptabilité du journal *l'Etincelle* depuis sa fondation. La Commission accepta d'examiner cette comptabilité dont les résultats favorables résultant de l'examen devaient dégager Maurin de toute suspicion possible.

Après avoir été convoqué deux fois successivement par lettres recommandées, le citoyen Maurin répondit enfin par une longue lettre dans laquelle il mettait en doute l'impartialité des membres de la Commission et refusait de leur soumettre la comptabilité par lui formellement promise.

Sur rapport de Ramadier, la Commission nationale déclare estimer que l'attitude du citoyen Maurin laisse place à tous les soupçons et que le citoyen Barabant a servi les intérêts du Parti en saisissant des faits le congrès de sa Fédération.

En conséquence, elle rejette la demande de contrôle formée par le citoyen Maurin.

VI. — Appel du citoyen Chabaud contre la sentence de la Fédération oranaise qui le frappe d'exclusion pour propos malveillants et campagne sourde contre un candidat du Parti.

Sur rapport de Ramadier, la Commission nationale constate que la Commission fédérale oranaise n'a pas suivi une procédure régulière dans l'instruction de cette affaire, mais qu'il résulte avec évidence que le citoyen Chabaud a fait une campagne sourde contre le citoyen Dubois, candidat de la Fédération, fait que Chabaud a reconnu, et, rapportant la sentence d'exclusion, la Commission nationale conclut par une sentence de blâme contre ce citoyen.

VII. — Appel du citoyen Mouret, de Narbonne, contre la décision de la Commission fédérale de l'Aude qui le frappe d'exclusion pour mauvais propos tenus contre les camarades de la section de Narbonne, observations offensives en séance du Conseil municipal contre le maire de Narbonne, membre du Parti, et dénigrement de la candidature du citoyen Pélissier.

Après enquête faite à Narbonne, le citoyen Ramadier expose le cas très délicat de cette affaire, considère qu'il est indéniable que le citoyen Mouret a tenu des propos regrettables, mais que Mouret est un vieux militant ayant lutté aux côtés de Ferroul et qu'il jouit d'une grande considération parmi les militants de l'Aude; en conséquence, la Commission nationale, rapportant la sentence d'exclusion prise contre lui, la transforme en celle de suspension de toute délégation pendant douze mois à dater du jour de la notification (Séance du 6 novembre 1928).

VIII. — Appel des citoyens Gorvel et Bastide contre la décision de la Commission fédérale de Vaucluse qui les frappe d'exclusion.

Au cours de l'instruction sur cet appel, la Commission fédérale de Vaucluse, maintenant la sentence d'exclusion contre Bastide a commué celle contre Gorvel en une suspension de toute délégation pendant deux années.

Le rapporteur Bouvrain, après avoir minutieusement examiné cette affaire, constatant qu'aucun fait probant ne vient démontrer que ces deux citoyens frappés aient vraiment commis des actes répréhensibles et portant atteinte à la discipline ou à l'intérêt du Parti, conclut en demandant que soient rapportées les sentences d'exclusion prononcées contre eux. Cette conclusion a été adoptée à l'unanimité des membres présents.

IX. — Appel du citoyen Sézille contre la sentence d'exclusion prononcée contre lui par la Fédération du Nord pour s'être publiquement solidarisé, en des articles violents contre le Parti, avec le citoyen Canonne, exclu précédemment pour délégation aux fêtes du 10° anniversaire de la révolution soviétique.

A une demande de raisons motivant son appel, le citoyen Sézille répondit par un violent article dans *l'Etincelle* et une lettre injurieuse contre le Parti. La Commission crut donc, sur rapport de Racine, devoir rejeter l'appel et confirmer la sentence de la Commission fédérale du Nord.

X. — Deuxième demande d'appel de la section du Blanc contre la décision de la Commission fédérale de l'Indre. La Commission nationale ne peut revenir, sans de nouvelles informations sur une décision qu'elle a prise et qui vide complètement le débat.

XI. — Demande de contrôle formulée par le citoyen Descourtieux, secrétaire adjoint de la Fédération de Seine-et-Oise, contre le citoyen Rouquier, député, maire de Levallois (Seine) pour tractations de désistement écrites et publiées entre les premier et deuxième tours de scrutin en avril 1928 et engageant l'avenir avec des candidats plus ou moins réactionnaires, adversaires du Parti, en vue d'une action concertée contre les communistes.

Le rapport sur cette affaire fut confié au citoyen Drouot.

Au cours de l'instruction, la Commission nationale reçut du citoyen Rouquier la copie d'un pacte signé des candidats adversaires et de lui-même étendant cette action concertée aux élections municipales de 1929.

Devant l'évidence des faits, elle crut donc devoir prononcer l'exclusion du Parti du citoyen Rouquier pour faute grave contre la discipline et les intérêts supérieurs du Parti.

XII. — Demande de contrôle déposée par la section de Clamart (Seine) contre le citoyen Paul-Boncour à propos de son attitude à Genève (Octobre 1928). Sur proposition du citoyen Ramadier, la Commission nationale déclare cette demande de contrôle non recevable par elle, la question soulevée étant d'ordre politique et relevant seulement des congrès du Parti.

XIII. — Une demande d'appel du citoyen Devismes (Somme) est annulée, la Commission fédérale de la Somme ayant annulé la sentence d'exclusion prise contre ce citoyen.

XIV. — Appel du citoyen Perin, maire de Nevers, contre la sentence d'exclusion prononcée contre lui par la Commission fédérale de la Nièvre pour faute grave et publique contre la discipline du Parti et collusion avec les réactionnaires.

De l'enquête très judicieusement menée par le citoyen Ramadier, rapporteur, il ressort que jamais le citoyen Perin n'a protesté contre la publicité, faite par le comte de Nadaillac, à la lettre qu'il lui a écrite le 27 avril 1928, et dans laquelle il lui faisait espérer l'abstention des voix socialistes qui devaient favoriser, au second tour, ce réactionnaire contre le candidat républicain en faveur duquel la Fédération socialiste de la Nièvre avait ordonné le désistement. Qu'au contraire même, une seconde lettre publique de Perin contre les républicains, adressée au journal réactionnaire de Clamecy, avait été exploitée au bénéfice des mêmes réactionnaires par le même comte de Nadaillac lors des élections cantonales en octobre 1928. La Commission nationale, devant l'incontestable vérité des faits et l'évidence d'une mauvaise besogne sciemment continuée, confirme la sentence d'exclusion prononcée contre Perin par la Commission fédérale de la Nièvre.

XV. — Appel du citoyen Mouraire contre la sentence d'exclusion prononcée contre lui par la Fédération du Rhône.

Sur rapport du citoyen Ramadier constatant qu'aucun des faits allégués contre le citoyen Mouraire ne peut motiver une sentence d'exclusion, la Commission nationale rapporte la peine infligée au citoyen Mouraire par la Commission fédérale.

XVI. — Appel du citoyen Alfred Fabre contre la sentence d'exclusion prononcée contre lui par *une* Commission fédérale des conflits des Alpes-Maritimes.

La Commission fédérale qui a prononcé cette sentence n'était pas statutairement constituée, composée qu'elle était de membres dont quelques-uns n'avaient pas cinq années de Parti. Une nouvelle Commission, statutairement composée cette fois, reprit l'affaire et modifia la peine d'exclusion en une de blâme. Le citoyen Fabre ayant accepté cette dernière sentence, l'affaire se trouva ainsi terminée.

XVII. — Appel du citoyen Henri Weil, conseiller municipal de Sarreguemines contre la sentence d'exclusion prise contre lui par la Commission fédérale de la Moselle pour avoir ouvertement soutenu la candidature réactionnaire de M. Nominé, maire de Sarreguemines, aux élections législatives.

Les faits étant reconnus dans l'appel même adressé par le citoyen Weil, et ce dernier n'ayant pas cru devoir venir consulter le dossier envoyé en communication sur place, ni apporter aucune réfutation aux faits précis qui l'incriminent, la Commission nationale, sur rapport du citoyen Wellhoff, confirme purement et simplement la décision prise par la Commission fédérale.

XVII. — Appel du citoyen Emile Auclair, de la section de Courbevoie, contre la sentence de suspension pendant un an de tout mandat administratif à l'intérieur du Parti prononcée contre lui par la Commission fédérale de la Seine pour propos calomnieux contre un membre du Parti.

La Commission nationale, sur rapport du citoyen Drouot, annule la sentence de la Commission fédérale, la peine infligée au citoyen Auclair n'étant pas prévue comme applicable dans le règlement du Parti.

*
* *

Un nombre assez important d'affaires reste en cours d'instruction, soit que la Commission nationale n'ait pas encore reçu les éléments nécessaires à une délibération impartiale et motivée, soit que les dossiers soient entre les mains des rapporteurs. Ce sont :

Les appels Padovani, Bovis, Cévoule contre Commission fédérale des Alpes-Maritimes.

L'appel Gourgand contre Commission fédérale de la Charente.

L'appel Sutter contre Commission fédérale de la Gironde.

Les appels Bergon et Borredon contre Commission fédérale du Lot.

L'appel Ellen Prévot contre Commission fédérale de la Haute-Garonne.

L'appel Chaufournier contre Commission fédérale du Cher.

Les demandes de contrôle :

Gorvel contre Nicolaud et Augier (Vaucluse).

Goudeau (Deux-Sèvres) contre Pétréault (Loir-et-Cher).

· Ruzafy, Abraham et plusieurs militants de Madagascar contre Delberghe, de Saint-Maur (Seine).

Des faits ci-dessus, les Fédérations peuvent juger que les fonctions à la Commission nationale des conflits sont actives et délicates; aussi compte-t-elle sur la conscience et le dévouement des membres qui accepteront de la composer pour qu'ils accomplissent cette tâche avec cœur et avec la ferme intention d'y apporter le meilleur de leurs soins et de leur activité.

E. RACINE,
*Secrétaire de la Commission nationale
des conflits.*

RAPPORT SUR "LE POPULAIRE"

L'année 1928 n'a pas été une mauvaise année pour le *Populaire*. Non seulement notre vente au numéro a sensiblement augmenté à Paris, en Province et dans la Banlieue, mais le nombre de nos abonnés a progressé dans une forte proportion.

Au cours du Rapport présenté en mai 1928, en vue du Congrès de Toulouse, nous nous permettions d'attirer l'attention de nos amis sur la nécessité d'augmenter encore le nombre de nos abonnements.

Tout en reconnaissant que le chiffre atteint était déjà élevé, nous affirmions qu'il pouvait encore être de beaucoup supérieur, à une condition disions-nous, c'est que les secrétaires des Sections se mettent sérieusement à l'œuvre et fassent une active propagande en ce sens, non pas une propagande d'un jour, mais une propagande continue aussi, méthodique et persévérante. Et nous ajoutions que si nous pouvions posséder 25.000 abonnés et doubler notre vente à Paris, non seulement l'existence du *Populaire* serait définitivement assurée, mais qu'il nous serait encore possible de l'améliorer.

Nos appels ont été entendus.

Certes, nous ne sommes pas encore aux 25.000 abonnés, tant s'en faut! Mais nous sommes sur la bonne voie.

Les chiffres suivants en sont la preuve.

En décembre 1927............	16.972	abonnés
janvier 1928...............	17.761	—
février 1928...............	18.622	—
mars 1928.................	19.747	—
avril 1928................	19.711	—
mai 1928..................	20.483	—
juin 1928.................	20.739	—
juillet 1928..............	20.542	—
août 1928................	20.178	—
septembre 1928............	19.754	—
octobre 1928..............	19.847	—
novembre 1928.............	20.145	—
décembre 1928.............	20.437	—

C'est donc une augmentation de 3.465 abonnés de janvier 1928 à janvier 1929.

Que nos militants continuent leur incessante action en faveur du seul système de vente qui nous rapporte et, les 25.000 abonnés atteints, nous pourrons encore rendre notre *Populaire* plus intéressant, plus attrayant, plus captivant.

N'avons-nous pas déjà commencé?

Est-ce que fidèles à nos promesses, nous n'avons pas généralisé nos numéros à six pages au fur et à mesure que nos abonnés devenaient plus nombreux?

N'avons-nous pas six pages six jours sur sept, au lieu de six pages quatre fois par semaine?

N'avons-nous pas fait un effort au point de vue rédactionnel?

Ne donnons-nous pas satisfaction aux plus difficiles au point de vue des informations?

Quant à notre situation, elle n'est pas trop mauvaise.

Les membres du Parti pourront s'en rendre compte par le Bilan du journal, le détail du Compte « pertes et profits » et les Comptes d' « exploitation », clos au 31 décembre 1928.

BILAN DU JOURNAL " LE POPULAIRE " AU 31 DÉCEMBRE 1928

ACTIF			PASSIF		
Immobilisé.			**Envers lui-même.**		
Matériel et mobilier..........	35.398	25	Capital { Actions.............	530.000	»
Valeur du journal............	1.000	»	Capital { Obligations..........	59.675	»
Frais constitution et émission.	11.048	60	Capital ancien *Populaire*......	102.025	»
Lancement et propagande.....	454.934	04	**Envers des tiers.**		
Frais d'installation...........	45.827	60	*Non exigible :*		
			Actionnaires éventuels........	201.800	»
Disponible.			Abonnés....................	576.058	40
Caisse...................	481.803	95	*Exigible :*		
Banque des Coopératives.......	139.586	07	Loyer (à payer).............	10.213	95
			Rédacteurs.................	3.000	»
Réalisable.			Souscriptions { Remboursables .	168.037	60
Ancien *Populaire*......,.....	346.195	94	Souscriptions { Amis Constants.	41.795	25
Loyer d'avance	25.000	»	Souscriptions { Maison........	326.243	55
Dépôts et cautionnements.....	80	»	Annonciers.................	13.239	15
Hachette et Cie.............	100.073	84	Imprimeries Réunies..........	23.117	85
Débiteurs divers.............	5.598	15	Coupons à payer.............	42.251	93
Immeuble.'.................	219.173	70	Messageries Hachette..........	31.425	90
			Créditeurs divers.............	68.055	85
	1.865.720	14	Fédération des Coop^ves d'Anvers	125.000	»
			Parti Ouvrier belge...........	240.000	»
Pertes et profits............	2.390.042	28	Parti Socialiste..............	1.627.614	19
			Crédit. divers, ancien *Populaire*	62.109	25
			Société Générale —	4.099	55
	4.255.762	42		4.255.762	42

DÉTAIL DU COMPTE PERTES ET PROFITS AU 31 DÉCEMBRE 1928

DÉBIT			CRÉDIT		
Charges d'exploitation.			**Produits d'exploitation.**		
Administration.		200.668 50	Abonnements.		1.898.189 65
Rédaction.		577.454 65	Ventes.		1.560.179 50
Départ.		403.608 40	Publicité :		
Imprimerie.		1.017.132 40	Marchandises...	73.894 80	
Papier.		1.295.331 20	Espèces.	276.107 05	
Frais de vente.		44.244 »			350.001 85
Frais d'expédition.		238.954 35			
Bouillons.		494.106 40	**Autres produits**		
Frais retour bouillons...		20.772 25	Intérêts sur compte courant...		12.595 15
Frais généraux.					
Proprement dits.		101.003 30	*Perte d'exploitation*.		588.937 55
Dépenses exceptionnelles...		16.628 25			
		4.409.903 70			
Solde créditeur.		24.650 05			
		4.434.553 75	Souscriptions (grand format)..		613.587 60
Ancien.		2.414.692 33			4.434.553 75
En 1928.		24.650 05			
1er janvier 1929. A nouveau...		2.390.042 28			
dont :					
Bi-mensuel ancien..	857.791 61				
Bi-mensuel 1928....	232.623 »				
	1.090.414 61				

Vente totale de Novembre 1927 à Novembre 1929.

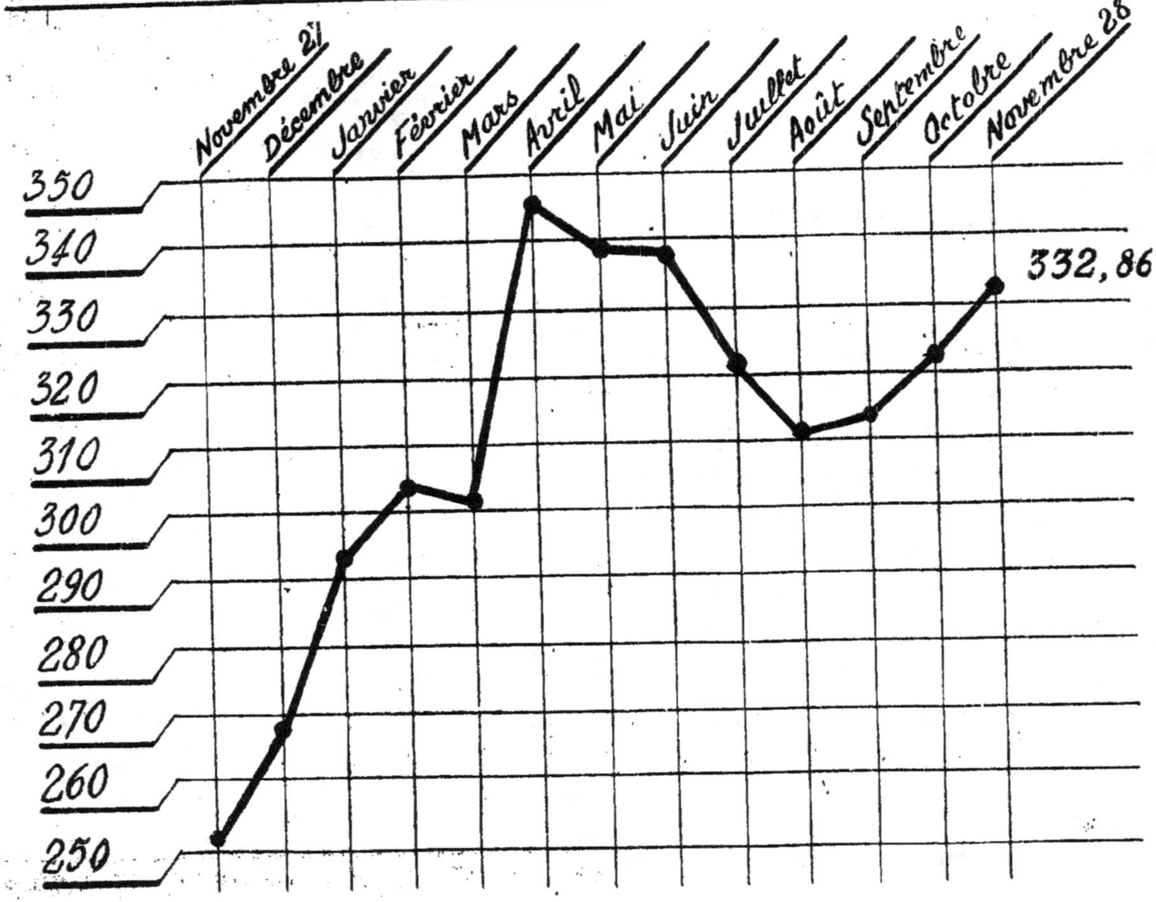

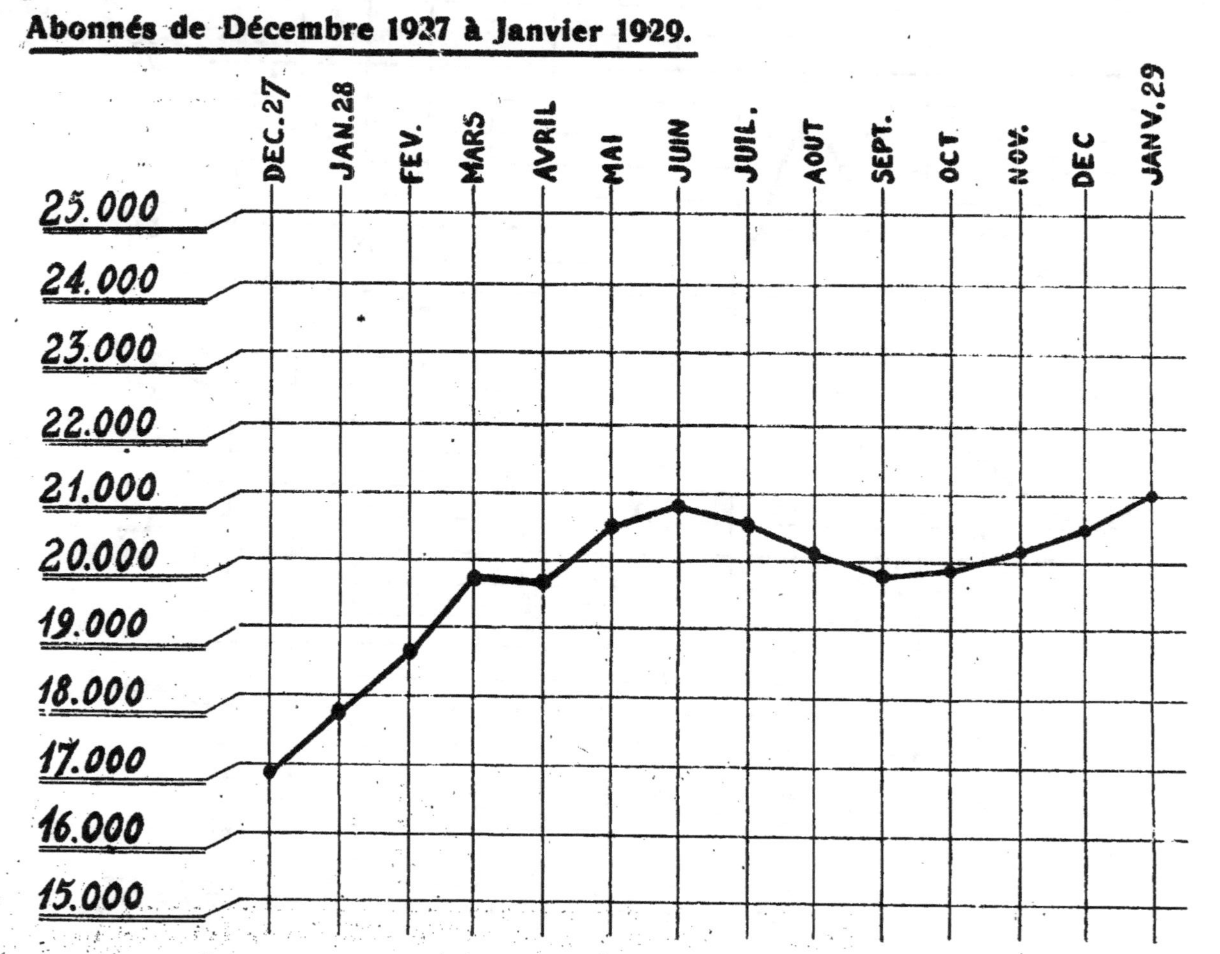

Abonnés de Décembre 1927 à Janvier 1929.
25.000
24.000
23.000
22.000
21.000
20.000
19.000
18.000
17.000
16.000
15.000
DEC.27
JAN.28
FEV.
MARS
AVRIL
MAI
JUIN
JUIL.
AOUT
SEPT.
OCT
NOV.
DEC
JANV.29

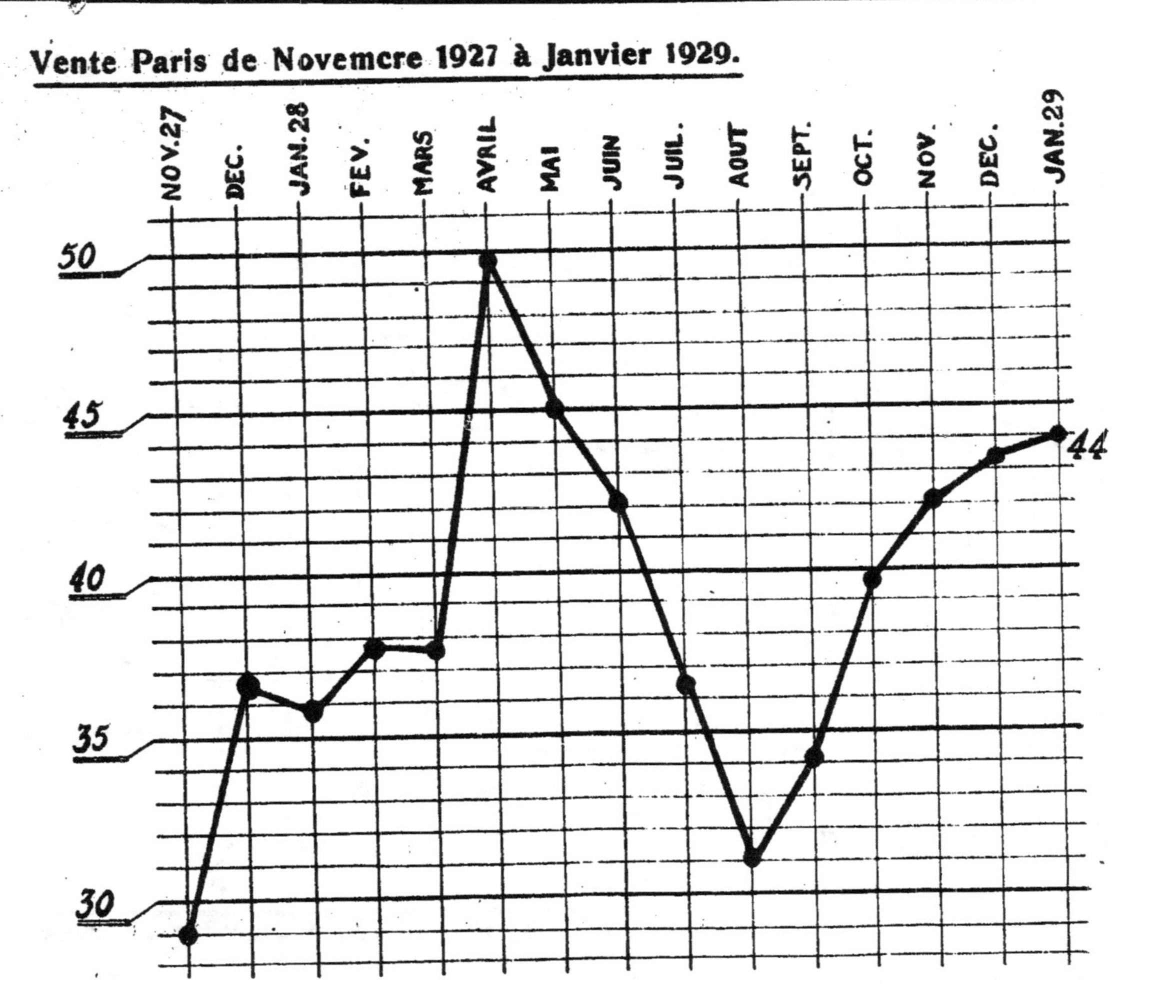

Vente Paris de Novemcre 1927 à Janvier 1929.
NOV.27
DEC.
JAN.28
FEV.
MARS
AVRIL
MAI
JUIN
JUIL.
AOUT
SEPT.
OCT.
NOV.
DEC.
JAN.29
50
45
40
35
30
44

Compte d'exploitation du Populaire de Décembre 1927 à Décembre 1928 (Charges)

	Décemb. 1927	Janvier 1928	Février	Mars	Avril	Mai	Juin
Administration	11.657 25	12.670 »	15.250 50	16 068 »	14.250 »	14.926 »	15.750 »
Rédaction	41.931 15	45.900 25	37.301 50	48 239 95	38.773 20	41.046 45	46.918 85
Départ. { Bi-mensuel	9.005 50	4.498 20	8.876 20	4.422 30	4.423 25	4.394 30	4 390 10
Départ. { Quotidien	22.569 80	26.573 »	24.949 35	26.659 50	27.324 55	27.070 55	26.265 95
Frais généraux	11.529 28	9.215 24	6.732 49	7.778 14	7.600 04	13.486 90	5 719 45
Papier	113.271 20	96.196 95	106.384 65	98.078 65	106.788 80	93.841 »	89.168 75
Imprimerie	80.358 15	78.365 85	69.132 15	77.485 60	75.621 05	77.393 80	78.081 50
Frais vente Paris	3.831 »	3.152 »	2 828 75	3.077 45	4.024 15	3.822 60	3.118 25
Frais d'expédition	18.398 75	16.269 80	15.594 45	16.360 71	17.935 10	16.829 75	18.043 05
Frais retour bouillon	2.453 20	1.418 60	1.471 »	1.928 35	944 46	1.177 90	1.327 80
Totaux	313.005 28	294.259 89	283.521 04	300.098 65	297.684 59	293.989 25	288.783 70

	Juillet	Août	Septembre	Octobre	Novembre	Décembre
Administration	16 722 »	15.902 50	16.118 »	15.091 25	15.924 »	20.339 »
Rédaction	46 292 35	47.222 90	45.435 05	45.084 45	45.985 25	44.422 40
Départ. { Bi-mensuel	4.463 75	4.570 »	4.591 50	4.590 70	4.590 65	4.561 05
Départ. { Quotidien	26.920 95	26 465 75	24.992 80	25 572 85	24.900 60	25.965 25
Frais généraux	6 285 85	9 929 55	7.626 35	6.308 65	10.370 55	9.951 85
Papier	98 403 10	88.118 85	91.714 40	104.835 40	102.566 55	109.740 05
Imprimerie	81.162 05	78.110 10	72.932 »	86.691 15	77.390 45	85.232 50
Frais vente Paris	3.381 10	3.286 20	3.260 95	3.352 95	3 237 35	3.871 25
— d'expédition	20 593 75	19.167 10	19.162 10	20.369 15	20.321 20	21.923 35
— retour bouillons	1 915 »	1.918 10	1.639 »	1.795 25	1 274 40	1.509 20
Totaux	306.139 90	294.691 »	287.473 05	310.691 80	306.561 »	327 515 90

Compte d'exploitation du Populaire de Décembre 1927 à Décembre 1928 (Produits)

	Décemb. 1927	Janvier 1928	Février	Mars	Avril	Mai	Juin
Abonnements	132.483 85	139.683 35	133.658 25	151.820 80	144.973 05	150.474 35	154.640 20
Publicité. { Marchandises	2.250 »	2.113 20	7.415 60	11.177 95	15.193 30	6.092 95	5.687 40
Espèces	27.503 55	20.452 55	22.115 60	27.953 25	34.112 45	32.571 65	21.084 30
Vente au numéro	730 45	630 20	320 80	737 70	637 30	417 60	434 70
Vente Paris	25.486 05	24.985 95	24.607 75	26.243 35	33.480 90	30.312 45	28.343 90
Vente Hachette. { Bibliothèque	11.766 95	16.476 80	15.6ï9 40	16.429 75	23.151 65	20.924 80	20.610 05
Messageries	26.665 70	32.636 75	29.935 20	26.278 40	36.955 05	35.596 15	35.431 30
Vente bouillons	3.992 20	4.397 40	71 50	368 45	»	7.895 95	2.414 70
Totaux	230.878 75	241.376 20	233.744 10	261.009 65	288.503 70	284.285 90	268.646 55
Pertes	82.126 53	52.883 69	54.776 94	39.089 »	9.180 89	9.703 35	20.137 15
Totaux	313.005 28	294.259 89	288.521 04	300.098 65	297.684 59	293.989 25	288.783 70

	Juillet	Août	Septembre	Octobre	Novembre	Décembre
Abonnements	154.325 »	153.809 80	144.185 60	144.517 05	149.745 55	144.099 55
Publicité. { Marchandises	5.237 40	239 65	910 50	7.993 25	2.356 10	2.150 65
Espèces	29.687 35	13.536 25	20.333 95	17.985 40	24.938 10	17.959 60
Vente au numéro	296 85	233 60	67 50	205 50	55 50	456 30
Vente Paris	25.360 »	21.709 15	23.072 15	27.672 05	28.358 35	30.145 05
Vente Hachette. { Bibliothèque	16.124 45	14.022 95	19.192 10	16.658 05	20.217 95	20.911 80
Messageries	36.289 20	38.498 20	33.639 90	39.320 75	37.496 »	38.510 20
Vente bouillons	»	3.677 10	88 »	»	8.842 25	»
Totaux	267.320 25	245.726 70	241.489 70	254.352 05	272.009 80	254.233 15
Pertes	38.819 65	48.964 30	45.983 35	56.339 75	34.551 20	73.282 75
Totaux	306.139 90	294.591 »	287.473 05	310.691 80	306.561 »	327.515 90

Si notre déficit ne s'est pas accru — comparé à 1927 — malgré notre grand format, l'accroissement de nos pages et le développement de la plupart de nos postes de dépenses, c'est grâce à la Souscription ouverte, à l'augmentation de notre vente et de notre publicité.

Mais nous avons de nouveaux efforts à faire si nous voulons équilibrer définitivement notre budget, sans faire appel aux sacrifices de nos amis. Et pour le démontrer, il nous suffira de publier le détail du prix de revient d'un numéro du *Populaire* à six pages, puis ensuite de mettre en parallèle le montant de nos ressources et de nos dépenses.

Prix de revient d'un numéro à six pages

BASE SUR UN TIRAGE DE 40.000 EXEMPLAIRES

Papier.

40.000 exempl. à 6 pages à 88 fr. 10 le mille.   3.524   »

Impression.

25.000 exemplaires, composition, mise en pages, clichage, tirage	2.354	»
15.000 exemplaires, tirage	150	»
Correction de la Bourse	27	»
Montage de 10 clichés à 3 francs	30	»
Service de ficeleur	30	»

D'après factures des Imprimeries réunies. .... 2.591 »

Salaire des correcteurs, prime au metteur en pages et équipe. Moyenne relevée de janvier à fin novembre 1928 : le mille, 5 fr. 15; pour 40.000 exemplaires. .... 206 »

(Le mille, 69 fr. 92. Pour 40.000 : 2.797 ».)   2.797 »

Rédaction.

De janvier à fin novembre 1928 :
Appointements des rédacteurs.... 312.490 »
Frais de rédaction. 222.475 55

Soit, dans cette période, 14.737.494 exemplaires tirés. 534.965 55
Le mille : 36 fr. 20. Pour 40.000 exemplaires.   1.448 »

Administration.

```
Appointements du personnel.....    167.148 50
Frais divers d'administration.....   16.181  »
                                    ___________
                                    183.329 50
```

Le mille : 12 fr. 45. Pour 40.000 exemplaires..   498 »

Départ.

Abonnés 20.000 exemplaires :

```
Seine, Seine-et-Oise, 2.450 à 0,005....     12 25
Départements, 17.400 à 0,01..........      174  »
Etranger AT, 100 à 0,15.............         15  »
Etranger NT, 50 à 0,30.............          15  »
Frais d'expédition (mise sous bande,
   etc.), 20.000 à 0,03..............       600  »
                                          ________
                                           802 75
```

Hachette 20.000 exemplaires :

```
Paris, 7.500 pour...................       106  »
Biblioth. Paris, 1.900 à 2,75........        52 25
Biblioth. H. Paris, 3.600 à 6,925....       231 30
Messageries S. et S.-et-O., 2.500 à 6,925
Messageries départs, 4.200 à 6,925...       464  »
Etranger, Belgique, 250 à 17,50......        43 75
Etranger, autres pays, 50 à 32,50...         16,25
                                          ________
                                           913 55
```

Le mille : 42 fr. 90. Pour 40.000 exemplaires..   1.716 »

Frais généraux.

Loyer, impôts divers, charges de la Ville, con-
   cierge, eau, électricité, chauffage, entretien,
   réparations maison, intérêts pour emprunt,
   etc. : 70.000 francs par an, soit par jour,
   pour 40.000 exemplaires.....   ....   191 78
Le mille : 4 fr. 7925.

LES 40.000 EXEMPLAIRES NOUS COUTENT DONC :

Pour les 40.000 exemplaires quotidiens			Pour un exemplaire
Papier.	3.524	»	0,0881
Impression.	2.797	»	0,06992
Rédaction.	1.448	»	0,0362
Administration.	498	»	0,01245
Départ.	1.716	»	0,04290
Frais généraux.	191 78		0,00479
	10.175 78		0,25436

Ce journal nous revient par conséquent pour :
365 jours × 10.175,78 = 3.713.794 fr. 70.

VENTE DE 32.000 NUMÉROS A 6 PAGES
SUR UN TIRAGE DE 40.000 EXEMPLAIRES

Combien nous rapporte-t-il par jour?

20.000 abonnés à 0 fr. 25	5.000	»
Vente Paris, 4.250 à 0 fr. 225	956	25
Vente bibliothèques Paris		
— Province, 6.750 à 0 fr. 21.	1.417	50
Vente banlieue, 1.000 à 0 fr. 225	225	»
Total	7.598	75

365 jours × 7.598,75 = 2.773.543 fr. 75 par an.

Il reste :

Dépenses.	3.713.794 70
Recettes.	2.773.543 75
Déficit.	940.250 95

Recevant 500.000 francs du Parti, il nous faut trouver près de 500.000 francs par an en publicité.

Et dans les dépenses basées sur les prix de 1928, nous ne tenons pas compte des augmentations des frais de rédaction, des frais rédactionnels et des frais de réclame pour Paris.

Devant ces chiffres, aucun doute n'est possible, nous pouvons, nous devons réussir à faire du *Populaire* un grand et beau journal.

Cinq mille abonnés de plus en province, une augmentation de quelques milliers de numéros à Paris, et c'est fait.

Pour atteindre ce but, nous demandons deux choses aux militants, dont notre Parti est si riche.

La première, c'est de collaborer sérieusement à leur Journal en lui fournissant les nouvelles les plus fraîches et les plus rapides. Ce n'est pas d'articles politiques que nous manquons. Il y a abondance de ce côté. Ce qu'il nous faut, ce sont des correspondants sérieux, à l'affût non seulement des faits politiques, économiques, sociaux susceptibles de nous intéresser, mais des faits divers dont nous devrions avoir la priorité si la plupart de nos groupes et sections voulaient tant soit peu s'en donner la peine. Que l'on nous demande des cartes télégraphiques de presse permettant l'envoi de dépêches à bas prix et nous les enverrons immédiatement — à cette condition, bien entendu, que l'on veuille s'en servir!

La deuxième, c'est de continuer sans arrêt le recrutement des abonnés. Que l'on nous envoie les noms des personnes susceptibles de lire le *Populaire* et le service gratuit du *Populaire* leur sera fait immédiatement. C'est si facile pour chacun de nous de faire le siège d'un parent, d'un ami, d'un camarade de travail, en lui prêtant son journal ou en lui en faisant assurer l'envoi par nos soins et en lui démontrant en même temps que le *Populaire* appartenant à un parti n'est la chose d'aucune individualité, d'aucun groupement économique ou financier, qu'il parle librement et jouit d'une indépendance complète et absolue vis-à-vis des forces gouvernementales et des puissances d'argent.

Que nos camarades expliquent bien à tous qu'un journal dont les lecteurs sont des acheteurs au numéro ne peut pas vivre; qu'il perd d'autant plus qu'il vend — Paris excepté — et que s'il n'a pas un chiffre respectable d'abonnés, il est condamné à mort — à moins de posséder des ressources inavouables.

C'est donc à cette collaboration et à cette action de recrutement que nous convions les membres du Parti et, s'ils le veulent, 1929 sera pour notre *Populaire* une belle, bonne et grande année.

1927 nous a donné un grand Journal;
1928 nous a permis d'occuper notre Maison;

1929 nous donnera, nous l'espérons, la possibilité d'assurer à notre Journal une place enviée parmi les journaux parisiens.

Compère-Morel.

LA MAISON DU PARTI ET DU " POPULAIRE "

Depuis de longues années, le Parti Socialiste désirait posséder un immeuble afin de loger ses services.

Bien avant la malheureuse scission de Tours, dès le début de l'Unité, des Commissions d'études avaient été nommées à cet effet et des projets avaient été élaborés.

Mais, pour des raisons que nous n'avons pas à rechercher, rien n'avait été décidé ni fait.

C'est sous la poussée des nécessités que nous avons pensé à réaliser le rêve de *tous* et de *toujours*.

Non seulement le Parti Socialiste, ayant retrouvé ses effectifs d'avant guerre, était à l'étroit au 12 de la rue Feydeau, mais le *Populaire* se trouvait dans l'impossibilité de loger convenablement ses rédacteurs et le personnel de son administration.

Trouver d'autres locaux avec bail était peut-être possible, quoique les prix de location demandés étaient tous très élevés, mais ne valait-il pas mieux trouver des capitaux en sollicitant un effort de la part du Parti et des lecteurs du *Populaire* et nous loger dans nos meubles?

C'est ce que nous avons pensé.

Et dès le 3 octobre 1928, le hasard nous ayant personnellement servi, nous saisîmes le Conseil d'administration et de direction du *Populaire* et la Commission administrative permanente de l'achat du 9 de la rue Victor-Massé.

Ces deux organismes nous ayant, à l'unanimité, mandaté et donné plein pouvoir pour acheter, aménager et meubler cet immeuble, son acquisition fut décidée le 25 octobre 1928, par l'Assemblée générale de la Société nouvelle du Journal quotidien le *Populaire de Paris*.

Dans quelles conditions?

Moyennant le prix principal de 700.000 francs, sur lequel 200.000 francs remis au vendeur le jour de la prise de possession, et 500.000 francs de surplus payables par le Parti, dans le délai de cinq ans, à raison de 100.000 fr. par an, avec intérêts au taux de 9 % payables en même temps que chaque fraction de capital.

Les frais d'achat et les droits d'enregistrement (provision de 199.000 francs) furent payés à notre notaire M⁰ Cros, et les 200.000 francs, plus 100.000 francs sur les

500.000 francs payables par échéance, versés en l'étude de M⁰ Laverne, notaire du vendeur.

Ainsi que nous l'avons déjà dit et écrit, aucune avance ne nous a été consentie par aucun capitaliste.

Aucun prêt, hypothécaire ou non, n'a été contracté dans aucune banque.

Les premiers frais ont été prélevés en partie sur les disponibilités du *Populaire*. Et la souscription des 2.000.000 de francs sera utilisée : *d'abord* à rembourser la trésorerie du *Populaire* des avances qu'elle a faites, *ensuite* à payer les travaux d'aménagement que nous avons voulu complets et de premier ordre, à solder les frais d'un ameublement convenable, et *enfin* à constituer un fonds de réserve indispensable à l'amélioration de notre quotidien et à sa publicité.

Et quand nous présenterons le détail des opérations financières de la Société nouvelle du *Populaire* de l'année 1929, les membres du Parti connaîtront par le détail l'affectation exacte des sommes recueillies, postes de dépenses par poste de dépenses. Cette affection ne se faisant qu'au cours de l'exercice 1929.

Ce qu'est la Maison du Parti et du *Populaire?*
Est-il besoin d'en donner une nouvelle description?
Ne l'avons-nous pas déjà fait de nombreuses fois?
Le meilleur moyen de l'apprécier n'est-il pas de la visiter?
C'est ce que nous demandons à nos amis de bien vouloir faire, quand leurs affaires ou leurs loisirs les appelleront à Paris.

Ils pourront du reste profiter de l'inauguration de notre Maison, qui aura lieu le 30 juin prochain, pour juger de la valeur et de l'utilisation de leur propriété.

En tout cas, ce que nous pouvons affirmer dès aujourd'hui, c'est que notre Maison, avec ses locaux spacieux, ses vastes salles, la facture de sa façade extérieure — preuve manifeste et indiscutable de notre force et de notre puissance, première grande œuvre et première propriété collective du Parti — marque une date dans l'histoire de la section française de l'Internationale ouvrière.

COMPÈRE-MOREL.

RAPPORT DES DÉLÉGUÉS
A L'I. O. S.

I
Le Congrès International de 1928

Le grand événement de l'année socialiste depuis le Congrès de Toulouse a naturellement été le Congrès international de Bruxelles (5-11 août 1928), en vue duquel précisément notre Congrès national avait été convoqué.

Inutile d'insister sur l'importance de ces assises du prolétariat mondial, où l'on a pu constater les progrès, souvent énormes, réalisés dans l'organisation politique des travailleurs en tous pays. Les résolutions en ont été publiées par le *Populaire* et reproduites dans la presse du Parti. Nous n'avons ici qu'à rappeler, à propos de l'ordre du jour, la part, quelquefois considérable, qu'y ont prise les délégués de notre Parti. Ils étaient au nombre de 46, dont 6 à titre d'invités. Ce chiffre ne fut dépassé que par quatre délégations, appartenant à des partis numériquement très forts : l'Allemagne (58 + 31), l'Autriche allemande (41 + 24), la Grande-Bretagne (31 + 20) et, naturellement, la Belgique, le pays où se tenait le Congrès.

Voici le nom de ces délégués :

Titulaires : Vincent Auriol, Léon Blum, Bracke, Cayrel, François Cartegnie, De Coster, Ernest Couteaux, Jean Deguise, Pierre Delcourt, Raoul Evrard, Paul Faure, Fontanier, Gibaud, Grandvallet, Grumbach, Guillevic, Joublot (Jeunesses), Emile Kahn, Léon Kahn, Ernest Lafont, Lagrosillière, Gaston Lévy, Louis Lévy, Jean Locquin, Jean Longuet, Maffren, Marquet, Montagnon, Léon Osmin, André Pontigny, Ernest Poisson, Reinhold, Pierre Renaudel, Roger Salengro, citoyenne Louise Saumoneau, Stefany, André Tellier, Michel Vidal, citoyenne Léon Wanner, Jean Zyromski.

Invités : François Demayer, Eugène Dereuse, citoyenne Dereuse, Hochedez, citoyenne Salengro, citoyenne Vincent.

Notre camarade Guillevic était, de plus, un des quatre délégués qui représentaient, parmi les organisations internationales non-affiliées, mais invitées, l'*Union internationale socialiste pour l'éducation physique et le sport ouvrier.*

Sans entrer dans aucun détail sur le cours et l'organisation du Congrès lui-même, nous pouvons néanmoins dire que tous nos camarades conservent et conserveront un souvenir amical et reconnaissant de la fraternité des camarades belges, ainsi qu'un souvenir ému des magnifiques manifestations ouvrières auxquelles il leur fut donné d'assister soit à Bruxelles, soif à Liége.

Présidences.

Deux séances ont été présidées par l'un des nôtres, conjointement avec un camarade d'Allemagne; la deuxième du Congrès (août) par notre secrétaire-général Paul Faure, avec Crispien, l'un des présidents de la socialdémocratie allemande; la sixième (10 août) par Bracke, membre du Bureau international, avec Lœbe, président du Reichstag.

Les débats du Congrès.

Voyons maintenant quelle fut notre participation à chacun des points de l'ordre du jour.

1. *La situation politique mondiale et le mouvement international.* — Furent membres de la Commission chargée de préparer la résolution sur ce point : Vincent Auriol, Grumbach, Roger Salengro, titulaires; Emile Kahn, Couteaux, Marquet, suppléants.

Cette Commission choisit Vincent Auriol pour être, avec Vandervelde (Belgique) et Otto Bauer (Autriche), l'un des trois rapporteurs présentant, à la dernière séance du Congrès, la résolution qu'elle avait préparée.

Avant le vote, au nom de la délégation française, Zyromski lut une courte déclaration concernant le régime dictatorial en Bulgarie et les conditions de la paix dans les Balkans.

2. *Le militarisme et le désarmement.* — Membres de la Commission : Bracke, Renaudel, Zyromski, titulaires; Jean Deguise, Léon Osmin, Raoul Evrard, suppléants.

À la séance du 10 août, c'est Pierre Renaudel qui, au nom de la délégation française, apporta à la résolution proposée sur le désarmement une adhésion sans réserve.

3. *Le problème colonial.* — Membres de la Commission: Fontanier, Lagrosillière, Jean Longuet, titulaires; Stefany, suppléant.

Lors de la séance où fut adoptée la résolution touchant

ce point, quoiqu'un seul rapporteur (Sidney Olivier, de Grande-Bretagne) dût prendre la parole, notre camarade Stefany, de Madagascar, put, avec l'assentiment de la Commission, présenter au Congrès, avec un amendement de rédaction accepté, les remercîments des indigènes de toutes les colonies à l'I. O. S. qui, seule, représente leurs intérêts dans la grande famille humaine.

4. *La situation économique de l'après-guerre et la politique économique de la classe ouvrière*. — Membres de la Commission : Léon Blum, Cayrel, Gaston Lévy, titulaires; Montagnon, Poisson, suppléants.

Il faut rappeler qu'à la résolution sur l'ensemble de cette question, que nos délégués avaient, à la Commission, grandement contribué à préparer, fut ajoutée une résolution spéciale concernant l'opposition des capitalistes dans la plupart des grands Etats à la ratification de la convention de Washington sur la journée de huit heures et la nécessité de la lutte de la classe ouvrière pour cette ratification avec garanties d'application.

5. *Rapport et résolution de la Conférence internationale des femmes*. — Membres de la Commission : Marthe Louis-Lévy, Louise Saumoneau, citoyenne Wanner.

Rappelons qu'à cette Conférence, qui se tenait pendant le Congrès, la France avait comme déléguées les citoyennes qui viennent d'être nommées, plus la citoyenne Vincent.

Bracke avait été désigné par l'Exécutif de l'I.O.S. pour saluer en son nom la Conférence internationale des femmes socialistes à la séance d'ouverture.

6. *Question d'organisation de l'I. O. S.* — Membres de la Commission : Bracke, Guillevic.

La principal travail de cette Commission portait sur une revision partielle des statuts.

Il aboutit à deux modifications. La première, dont l'importance ne vous échappera pas, tend à régler une question qui, par malheur, s'est représentée plusieurs fois, sous des formes diverses, au cours des dernières années, les communistes cherchant tous les prétextes, par la fondation de groupements internationaux de toutes sortes, pour capter et emprisonner l'effort de la classe ouvrière organisée.

Elle consiste à ajouter à l'article 2 la disposition suivante :

Il est du devoir des partis affiliés à l'I. O. S. d'agir en sorte que leurs adhérents exercent leur action dans le domaine international, principalement dans le cadre de l'I. O. S., et s'abstiennent d'adhérer individuellement à des associations politiques internationales dont les tendances sont en contradiction avec le programme ou la tactique de l'I. O. S.

La seconde a trait à la fréquence des Congrès internationaux.

Comme toujours, conformément au mandat revouvelé plusieurs fois par le Parti, nos délégués ont demandé que fût maintenu le principe d'un Congrès international tous les deux ans.

Mais les frais qu'entraîne cette convocation pour l'I.Q.S. ainsi que pour chacune des sections nationales ont de plus en plus contribué à renforcer l'opposition de presque tous les partis étrangers sur ce point.

Pourtant, il est reconnu que l'intervalle de trois ans est trop long pour qu'il ne soit pas nécessaire, en présence des événements qui ne peuvent manquer de se produire, de convoquer toute l'Internationale à des assemblées ayant à la fois plus d'importance pour les discussions et plus d'éclat et d'autorité pour les résolutions que les séances de l'Exécutif.

Un accord s'est donc fait sur les bases que voici : le Congrès international aura lieu, d'une façon générale, tous les trois ans; mais, le bureau de l'I. O. S. peut convoquer pour des questions de politique et de tactique internationales des Conférences où les sections soient représentées au triple de ce qu'elles ont de délégués à l'Exécutif, sans que ni les statuts ni les résolutions fondamentales des Congrès internationaux puissent être changés.

Ainsi, des assises internationales pourront se tenir, au besoin, même à des intervalles moindres que deux années.

De là les modifications que voici à la rédaction des statuts :

1° Article 6. — Il sera dit : « Le Congrès aura généralement lieu tous les trois ans. »

2° A la suite de l'article 9, il est ajouté une section ainsi rédigée :

C. — *La Conférence Internationale*.

10. Sur la décision du Bureau de l'I. O. S., une Conférence internationale de l'I. O. S. peut être convoquée conjointement à une Session de l'Exécutif. Cette Conférence a le droit, sous réserve de la ratification définitive par le Congrès international, de prendre des résolutions sur la politique et la tactique internationales de l'I. O. S. Elle ne peut modifier les statuts de l'I. O. S. ou les résolutions fondamentales des congrès.

11. Peuvent prendre part à la Conférence internationale :

a) Des délégués de chaque section au maximum en nombre triple de ses représentants à l'Exécutif. Les Bureaux directeurs des partis doivent faire leur possible pour qu'entrent dans cette délégation des représentants du groupe parlementaire du parti et de sa presse. Les membres de l'Exécutif sont compris dans ce maximum de délégués.

b) Chaque section a droit au moins à un représentant.

c) Les membres du Présidium du Comité international des Femmes socialistes.

d) Les membres du Bureau de l'Internationale de la Jeunesse socialiste.

12. Les votes se font d'après les mêmes règles que dans les congrès internationaux. Ils se font d'après le nombre de voix au congrès, à condition que quinze participants à la Conférence, représentant au moins trois pays différents, le demandent.

13. Les délibérations de la Conférence sont publiques, à moins que le Comité Exécutif ne décide de limiter la publicité à la presse du parti.

14. Le Bureau a le droit d'inviter à la Conférence les représentants de la Fédération syndicale internationale ou d'autres organisations.

15. Le Bureau est obligé de convoquer une Conférence internationale dans le plus bref délai, si au moins cinq partis affiliés, représentant au moins un huitième de la totalité des voix au Congrès, le demandent.

Résolutions spéciales

Les membres français de la 2me Commission avaient, de plus, pris part aux délibérations qui aboutirent à la résolution *contre la peine de mort*, qui fut adoptée à la suite d'un rapport émouvant de notre ami de Brouckère.

Se conformant au mandat reçu de nos Congrès, les délégués de la France à l'Exécutif ont demandé que fût inscrit à l'ordre du jour du prochain Congrès international le point déjà présenté auparavant :

Les problèmes de l'exercice du pouvoir par les partis socialistes dans le cadre de l'Etat capitaliste.

Il a été décidé de soumettre cette motion à l'Exécutif.

Conférences

Notre Parti a été représenté par ceux de ses délégués que leur compétence et leurs goûts y appelaient dans les conférences spéciales tenues dans les intervalles des séances du Congrès.

C'est à savoir :

Par deux délégués le 11 août, à la 3e Conférence de l'I. O. S. pour les questions techniques de la presse;

Par sept délégués, le 6 août, à la Conférence internationale pour les questions d'éducation;

Par trois délégués, les 7 et 9 août à la Conférence qui institua définitivement une *Union internationale des juristes socialistes*, dont le siège provisoire est à l'adresse du Dr Kurt Rosenfeld, Berlin C 2, An der Spandauerbrücke 1 *a*, et du comité de direction de laquelle fait partie désormais notre camarade Jean Longuet;

Par deux délégués, le 11 août, à la Conférence des organisations de tourisme ouvrier.

Bureau et Exécutif

Bien entendu, avant et pendant le Congrès eurent lieu de nombreuses séances tant du Bureau que de l'Exécutif de l'I. O. S. pour préparer et régler au mieux possible les débats du Congrès international.

Nos délégués y furent assidus : Bracke au Bureau; Bracke, Renaudel, Jean Longuet, Paul Faure et Léon Blum aux réunions de l'Exécutif.

Une liaison constante entre la délégation française pour ses réunions particulières et le secrétariat fut établi par notre camarade Bracke.

Invitation

Il faut ajouter que Léon Blum fut invité à prendre la parole, au nom de la délégation française, à côté de Louis de Brouckère et de Breitscheid, à la réception qui eut lieu salle de la Madeleine, sur l'invitation du Conseil général du P. O. B., de la *Prévoyance sociale*, *du Comptoir de dépôts et de prêts*, du journal *Le Peuple* et de la Maison du Peuple de Bruxelles, dans la soirée du 6 août.

Rapports et compte rendu

Répondant au questionnaire établi le 11 avril **1926** par la Commission coloniale de l'I. O. S., dont faisait partie Jean Longuet pour la France, notre parti avait envoyé, au nom de la Commission coloniale désignée par la C. A. P., en juillet 1928, un rapport sur l'ensemble de l'organisation coloniale française.

Ce rapport, avec ceux des autres nations, parmi lesquels il faut signaler, comme d'une importance capitale, ceux des Pays-Bas et de Grande-Bretagne, a contribué à préparer la résolution si complète votée à ce sujet par le Congrè international de Bruxelles. Il figure, avec tous les autres rapports, dans le compte rendu complet, en deux volumes, du 3e *Congrès de l'Internationale ouvrière socialiste* (*Bruxelles* 5-11 *août* 1928), publié par le secrétariat de l'I. O. S. et imprimé (pour l'édition française) par les soins de la coopérative *L'Eglantine* de Bruxelles.

C'est une occasion pour nous de rappeler à toutes les fédérations et sections l'intérêt que présente ce compte rendu, fourni des renseignements les plus instructifs sur la situation et l'action du Parti socialiste dans tous les pays du monde.

Aucune bibliothèque socialiste ne devrait manquer de se le procurer, sous peine de regretter plus tard d'avoir négligé cette source non seulement d'information, mais de réconfort et de stimulant.

Notre *Librairie populaire* est là pour en faciliter l'acquisition.

II

Conférence des quatre partis (8-9 février 1929)

Sous la présidence de Ramsay Macdonald, une Conférence, plusieurs fois ajournée pour diverses raisons, se tint à Londres, les 8 et 9 février de la présente année, entre des délégués des partis socialistes de Belgique, de Grande-Bretagne, de France et d'Allemagne.

De même que pour d'autres pays, la grippe avait empêché plusieurs délégués français de s'y rendre au dernier moment : c'était le cas de Vincent Auriol, Léon Blum et Bracke. Jean Longuet seul put assister aux délibérations, qui aboutirent à la résolution suivante :

Les délégués des quatre Partis socialistes représentés à la Conférence de Londres des 8 et 9 février 1929 ont examiné la situation politique internationale actuelle et notamment le problème des réparations et des dettes interalliées, et le problème de l'évacuation de la Rhénanie.

Ils ont arrêté d'un commun accord l'attitude à prendre dans les circonstances actuelles, en tenant compte des principes généraux qui avaient été formulés unanimement dans les conférences de Francfort (1922), Berlin et Hambourg (1923) et Luxembourg (1926).

III

Bureau et Exécutif de l'Internationale

Bracke, malade, dut être remplacé par Jean Longuet à la séance du Bureau de l'I. O. S. tenue à Londres le 10 février 1929, pour préparer la session de l'Exécutif qui eut lieu le jour suivant.

Outre quelques questions d'organisation intérieure, il

y fut décidé la création d'une société coopérative : *Section d'édition de l'I. O. S.* qui poursuivra, avant tout, la rédaction et la publication en trois langues d'une grande *Encyclopédie du socialisme international* et dont les statuts, conformément à la loi suisse, ont été insérés dans la *Feuille officielle suisse du commerce* le 28 mars 1929.

Notre camarade Bracke a été désigné dans la séance de constitution, pour faire partie de cette société éditrice, avec les autres membres du Bureau de l'I. O. S.

Aux séances de l'Exécutif assistèrent Jean Longuet et Renaudel.

Rappelons les trois résolutions votées dans cette session.

La première, sur le problème des *minorités nationales.*

Considérant que l'oppression et la dénationalisation par la violence des minorités nationales constituent une des sources principales de la haine entre peuples et constituent de ce fait une menace permanente pour la paix,

L'Exécutif rappelle les résolutions des congrès de Hambourg et Marseille,

Et en vue des réunions annoncées de la S. D. N. émet les revendications suivantes :

1. La protection juridique des minorités nationales doit être étendue à toutes les minorités, en particulier aux minorités allemandes et slaves de l'Italie qui jusqu'à présent en ont été privées;

2. La protection juridique des minorités nationales doit être conçue dans ce sens, qu'il y a lieu de garantir aux minorités nationales formant un *tout homogène* à l'intérieur d'un territoire le *droit démocratique de s'administrer elles-mêmes*, et aux minorités dispersées des droits égaux et des libertés égales à celles de leurs co-nationaux quant à l'emploi de leur langue, au développement de leur enseignement et de leur culture;

3. La méthode à employer par la S. D. N. pour traiter les difficultés ayant trait aux minorités nationales doit être rendue plus efficace particulièrement par la création d'un organisme permanent de la S. D. N.

La seconde, sur la situation en Yougoslavie, présentée par Jean Longuet, fut adoptée à l'unanimité :

Le peuple yougoslave est l'un de ceux qui ont subi les sacrifices les plus grands pour sa libération et son union nationale. Placés pendant de longs siècles sous une domination étrangère; divisés entre six Etats, après trois guerres balkaniques et la guerre mondiale; après la perte d'un million de leurs citoyens, les Yougoslaves ont trouvé dans une révolution nationale leur unité dans un Etat unique et souverain.

Mais, au moment où l'Italie fasciste accentue ses efforts pour placer sous son contrôle les Etats réactionnaires de Bulgarie, de Hongrie et d'Albanie, tous voisins de la Yougoslavie, et pour ainsi l'encercler, et alors que l'intérêt vital du peuple yougoslave serait de s'appuyer sur la démocratie et la classe ouvrière européenne contre la menace que constituent l'Italie fasciste et ses alliées réactionnaires, la clique militariste et monarchiste de Belgrade a divisé et s'est efforcée de corrompre la démocratie rurale en Serbie et a exploité les antagonismes entre la Serbie et la Croatie, pour finir par anéantir la liberté politique et toutes les garanties juridiques et établir l'absolutisme.

Cet absolutisme a suspendu l'activité de tous les partis politiques, notamment du Parti socialiste. Il a enlevé à la classe ouvrière toutes les possibilités de combat légal. Il négocie en même temps avec les associations patronales une revision dans le sens réactionnaire de la législation ouvrière.

En présence de ces faits, l'Exécutif de l'I. O. S. envoie à la classe ouvrière de Yougoslavie son salut fraternel. Il affirme sa pleine solidarité avec les social-démocrates de Yougoslavie et invite tous les partis ouvriers et socialistes du monde à soutenir énergiquement la social-démocratie dans sa lutte pour le rétablissement de la démocratie en Yougoslavie.

La troisième, à l'élaboration de laquelle avait travaillé une sous-commission dont était Renaudel, se compose de deux parties.

C'est d'abord ce texte, si grave et si important, de la pétition à la Commission préparatoire du désarmement de la S. D. N., qui fut, au nom de millions de travailleurs, portée à Genève le lundi 15 avril par une délégation formée de Louis de Brouckère, Albarda et Renaudel, et dont le dépôt produisit une si forte sensation.

Notons que plus de 1.000 sections de France ont déjà pris place par l'envoi de ce texte voté dans des réunions et des meetings, dans cet « assaut de pétitions » décidé par l'Internationale.

Mais c'est aussi un programme d'action dont l'envoi de la pétition n'est qu'un élément, et qui est ainsi conçu :

Faire envoyer dès maintenant à Genève à la Commission préparatoire l'adresse ci-après par l'Exécutif, par les Partis socialistes, leurs sections et éventuellement par les réunions populaires à la ratification desquelles elle serait soumise.

L'Internationale entrera en rapport sans délai avec l'Internationale syndicale afin d'élaborer un plan commun en vue de l'action pour le désarmement. On demandera aussi à l'Alliance coopérative internationale de se joindre à ce mouvement.

On étudiera avec la F. S. I. les moyens de donner cette année à la journée du Premier Mai un caractère, plus accentué encore que de coutume, de démonstration en faveur de la paix.

On préparera, de commun accord avec l'organisation syndicale, des démonstrations à tenir du 27 juillet au 4 août à l'occasion du 15e anniversaire de la déclaration de guerre pour attirer une fois de plus l'attention populaire sur la nécessité impérieuse d'un prompt désarmement.

On étudiera avec l'organisation syndicale internationale une action en vue de la prochaine assemblée de la S. D. N. en septembre.

Le texte de l'adresse est dans toutes mémoires.

Le Congrès du Parti sera unanime à se réjouir des commencements d'action cohérente entre les prolétariats qui se sont ainsi établis et de la part que ses représentants y ont prise.

**

Il ne reste plus à mentionner que la décision prise à la suite des circonstances qui ont amené la formation du nouveau ministère Poincaré, par notre camarade Paul-Boncour, de décliner maintenant le mandat de représenter le Gouvernement français comme son délégué à la Société des Nations.

Paris, le 25 avril 1929.

BRACKE.

Membre du bureau,
et délégué de la Section Française
à l'Exécutif de l'I. O. S.

RAPPORT SUR L'ACTIVITÉ
DU GROUPE SOCIALISTE AU PARLEMENT

(Du 1ᵉʳ juin 1928 au 31 mars 1929)

1° EFFECTIFS

Le Groupe Socialiste au Parlement compte actuellement 15 sénateurs et 101 députés. Il n'y a eu de changement que dans le Groupe de la Chambre, par suite du décès de nos camarades *J. Nadi* et *Yvan Pelissier*, remplacés par *Moutet* et *Léon Blum*, et de l'élection de notre camarade *Héliès*.

2° POSTES OCCUPÉS

a) Bureaux des deux assemblées. Sénat : *Valette*, secrétaire; Chambre : *Bouisson*, président; *Barthe*, questeur; *Blancho*, secrétaire.

b) Commissions (présidences). Administration générale et départementale : *Fiancette;* Affaires étrangères : *Paul-Boncour;* Mines et Force motrice : *Charles Baron;* Boissons : *Barthe;* Comptabilité : *Payra.*

c) Rapporteurs budgétaires. Beaux-Arts : *Locquin;* Enseignement technique et Ecole Centrale : *Spinasse;* Aéronautique : *Renaudel;* Travaux publics : *Bedouce;* Algérie : *Antonelli;* P. T. T. : *Lafont.*

3° ORGANISATION INTÉRIEURE

a) Délégation exécutive et bureau. — Le Groupe est administré par une délégation exécutive de 15 membres, et un bureau composé de *Vincent Auriol*, secrétaire; *Hubert-Rouger* et *Frot*, adjoints.

b) Séances. — Le Groupe tient une séance par semaine en cours de session, sous la présidence de camarades désignés d'avance à cet effet, et autant de séances extraordinaires qu'il est nécessaire. Le compte rendu sommaire en paraît dans le *Populaire*, avec la liste des présents.

c) Groupes d'études. — Le Groupe est réparti en huit groupes d'études : politiques, sociales, agricoles, économiques, financières, de l'éducation nationale, de la défense nationale, internationales. Tous les travaux sont dirigés par un rapporteur général, assisté de rapporteurs spéciaux, un membre de la D. E. assurant la liaison avec celle-ci. Chaque groupe d'études s'occupe de toutes les questions budgétaires et autres qui sont de sa compétence. Il est arrivé aussi que le Groupe a nommé des sous-commissions spéciales chargées de certaines questions (fonctionnaires, protection de l'Epargne, etc...).

d) Secrétariat administratif. — Une circulaire a renseigné les fédérations sur l'organisation et le fonctionnement du Secrétariat Administratif qui, depuis le mois de septembre, a assuré, comme il était prévu, ses services parlementaires, de documentation et de propagande. Le Secrétariat a notamment publié les *Feuilles d'Information* et organisé les *tournées de masse* du Groupe.

A noter que plusieurs autres groupes parlementaires ont successivement créé des secrétariats administratifs, sur le modèle du nôtre.

4° TOURNÉES DE MASSE ET PROPAGANDE

a) La première tournée a eu lieu les 24 et 25 novembre dans les départements suivants : Maine-et-Loire, Loire-Inférieure, Morbihan, Finistère, Côtes-du-Nord, Ille-et-Vilaine, Manche, Calvados.

102 réunions ont été faites avec le concours de 52 élus.

La deuxième tournée a eu lieu les 23 et 24 février dans les départements suivants : Alpes-Maritimes, Aude, Bouches-du-Rhône, Corse, Hérault, Pyrénées-Orientales, Var, Vaucluse.

113 réunions ont été faites avec le concours de 64 élus.

La troisième tournée aura lieu les 22 et 23 juin dans la région de l'Est.

b) Le Groupe a publié une première brochure sur son action « Pour les Paysans ». Une série d'autres suivront.

Nota. — On trouvera ci-après le résumé de l'action du Groupe. Pour plus de détails, nos camarades sont priés de se reporter aux *Feuilles d'Information*, publiées par le Secrétariat et dont le service a été fait à tous les secrétaires fédéraux.

Action générale du Groupe

Premier Ministère Poincaré.

M. Poincaré lit la déclaration ministérielle le 7 juin. Le 15, *Vincent Auriol*, dans un grand discours, définit la politique et le programme du Parti socialiste et dénonce la politique de droite à laquelle est condamné le Ministère. Le 29 juin, *Auriol* définit l'opposition constructive qui sera celle du Groupe. L'ordre du jour socialiste est repoussé par 443 voix contre 123 et la confiance est votée par 451 voix contre 120.

Second Ministère Poincaré.

Une feuille d'information spéciale a donné l'historique de la crise du 6 novembre et de l'action menée par le Groupe. Le 11 novembre, le Groupe et la C.A.P. plénière votent un ordre du jour commun. Le 15 novembre, M. Poincaré lit la déclaration ministérielle. *Vincent Auriol* dénonce le nouveau Bloc national. Discours de *Salengro* et de *Renaudel*. Intervention de *Bracke*. Le Groupe vote contre l'ordre du jour de confiance.

Tout au long de la discussion budgétaire, le Groupe combat la politique financière et fiscale du Gouvernement.

Le 10 janvier, *Frossard* développe son interpellation sur la politique générale du Gouvernement. Le 11 janvier, interventions de *Grumbach, Rivière, Bracke* et *Auriol*. La priorité de l'ordre du jour socialiste est repoussée par 317 voix contre 253, et la confiance est votée par 325 voix contre 251.

Voir en outre interpellation *Lafaye*, interpellation *Grumbach*, débats sur la réforme judiciaire et les congrégations missionnaires, discours d'*Auriol* le 7 mars sur la politique financière.

Questions politiques.

(Réformes constitutionelle, judiciaire et administrative.)

1° Dossiers d'élections :

a) En juin, validation des élections de la Martinique. Conformément au vœu du Congrès national de Toulouse, *Paul Constans* demande, au nom du Groupe, une enquête générale sur les élections aux colonies.

b) Dès le 7 juin, *Vincent Auriol*, demande avec *Uhry*, la libération des députés emprisonnés (Ricklin et Rossé, autonomistes; Cachin, Doriot et Duclos, communistes, le dernier en fuite). La Chambre renvoie le débat. Le 14 juin, *Grumbach* et *Paul Faure* combattent la question préalable posée par M. Barthou, et qui est votée. Le 28 juin, MM. Ricklin et Rossé ayant été validés, M. Walter demande leur mise en liberté. *Frot* et *Grumbach* réclament une mesure générale. La Cour de Cassation étant saisie, la

Chambre ajourne sa décision. Le 6 novembre, au milieu de la crise ministérielle, la Cour ayant rejeté le pourvoi, le Garde des Sceaux demande la déchéance. Malgré la protestation de *Marquet*, la Commission compétente fait renvoyer au jeudi. Le 8 novembre, *Paul Faure*, *Renaudel* et *Vincent Auriol* défendent une motion d'amnistie. La première partie est votée, mais, malgré l'intervention de *Marquet*, l'ensemble est repoussé et la déchéance prononcée. Le Groupe s'est abstenu.

c) Le 22 novembre, après déclaration de *Chastanet*, le Groupe s'abstient sur l'élection de Condom-Lesparre.

d) Le 29 décembre, *Sérol*, au nom du 9e Bureau, demande l'annulation des opérations électorales dans la 11e circonscription de Saint-Denis (Puteaux). *Frot* demande la validation, suivie de la déchéance. L'annulation est votée à mains levées. Le 5 février, *Paul Faure* s'associe, au nom du Groupe, à la demande de libération immédiate de Marty, élu à Puteaux. L'affaire est renvoyée au jeudi. Le 7 février, M. Barthou pose la question préalable. *Vincent Auriol*, dédaignant les injures de Cachin, indique que le Groupe votera contre. Le Gouvernement obtient 319 voix contre 155.

2° *Régime électoral :*

Comme il en avait reçu le mandat à Toulouse, le Groupe a déposé un projet de R. P. intégrale rédigé par *Bracke*.

Question orale de *Bracke* sur l'interdiction d'un cortège de suffragettes.

Le 21 mars, le Groupe socialiste au Sénat se prononce pour la mise à l'ordre du jour du projet établissant le vote des femmes.

3° *Défense des institutions parlementaires :*

a) Indemnité et incompatibilités parlementaires.

L'article 60 A de la loi de finances prévoyant la revalorisation de l'indemnité parlementaire, *Vincent Auriol* y apporte l'adhésion du Groupe, en dénonçant la manœuvre politique de la droite. *Grumbach* réplique à M. Tardieu qui avait mis en cause Paul Faure. L'article est adopté par 262 voix contre 254. Le Groupe a voté pour.

Sur l'article 129 de la loi de finances, *Ernest Lafont* pose la question des incompatibilités. Le Gouvernement accepte, la Commission élabore l'article 60 B, que *Lafont* défend et fait voter.

Le 28 décembre, M. Chéron défend au Sénat un texte transactionnel sur le relèvement de l'indemnité. Le nouvel article 60 A est voté par 140 voix contre 107. *Betoulle*, au nom des sénateurs socialistes de la Haute-Vienne, se déclare contre. Le Groupe, moins ces trois élus, vote pour.

A la même séance, le Sénat vote sous forme de projet spécial l'article 60 B modifié. *Betoulle* et *Morizet* répliquent vigoureusement à M. François-Marsal, qui attaque Chastanet.

Le 29 décembre, l'article 60 A est adopté par la Chambre, après interventions de *Barthe*, comme questeur, et de *Payra*, comme Président de la Commission de comptabilité. *Vincent Auriol* déclare que le Groupe votera le texte de l'article 60 B, bien qu'insuffisant. *Chastanet* répond aux attaques de M. François-Marsal.

b) Mandat de six ans.
La question du mandat municipal de six ans vient le 26 février au Sénat et le 30 mars à la Chambre. Le Groupe s'y oppose, d'autant que M. Tardieu a fait allusion à une prolongation identique du mandat législatif.

c) Menées fascistes.
Le 28 mars, *Uhry, Payra, Rivière* ont la parole sur la date des interpellations concernant les incidents qui se sont produits aux obsèques du Maréchal Foch.

d) Contrôle parlementaire.
Le 30 mars, après intervention d'*Hymans*, le Groupe vote contre la fixation de la rentrée au 23 mai seulement.

4° *Questions judiciaires :*

a) Lois scélérates.
Interventions de *Sérol*, le 4 décembre, dans la discussion générale du budget de la Justice (services judiciaires) et de *Félix Gouin*, sur l'article 14 de la loi de finances (contrainte par corps).

Le 14 février, *Grumbach* intervient contre le projet de loi réprimant les atteintes à l'intégrité du territoire.

b) Amnistie.
Voir ci-dessus affaire Ricklin et Rossé, séance du 8 novembre.

Le 15 février, le Groupe dépose une proposition de résolution en faveur de l'amnistie, avec demande de discussion immédiate. *Vincent Auriol* engage le débat, *Paul Faure* défend la résolution. M. Barthou pose la question préalable. *Renaudel* lui répond. La proposition est repoussée.

c) Réforme judiciaire.
Dès le 29 juin, *Félix Gouin* pose la question dans la

discusison du collectif. Il la reprend dans son ensemble le 4 décembre dans la discussion générale du budget de la Justice.

Interventions diverses d'*Ernest Lafont* sur le chapitre 12 du budget des services pénitentiaires, sur les articles 53 *bis* et 65 *ter* de la loi de finances; de *Charles Baron* dans la discussion générale du budget des services judiciaires; d'*Auguste Raynaud* sur le chapitre 14; de *Rauzy* sur le chap. 18; de *Calvet* sur le chap. 21.

Le 14 février s'ouvre le débat sur la réforme judiciaire. Le 15, exposé de *Félix Gouin*, rapporteur, au nom de la Commission de Législation civile; discours de *René Rucklin* et de *Ramadier* au nom du Groupe. Le 19, intervention de *Barthe; Gouin* défend le projet de la Commission; M. Barthou s'y rallie, *Frossard* et *Auriol* soulignent sa défaite. Le Groupe vote pour le contre-projet Marie qui n'est repoussé qu'à six voix de majorité, avec, comme le remarque *Evrard*, l'appoint des douze ministres députés. *Gouin*, ayant voté avec le Groupe, donne sa démission de rapporteur. Le 21, *Auriol* dénonce l'incohérence gouvernementale et l'échec des décrets-lois; intervention de *Barthe*. Le 22, interventions de *Ramadier* et de *René Brunet*. *Ramadier* déclare que le Groupe ne votera pas l'article 1er, qui implique ratification. L'ensemble est adopté à mains levées.

5° *Laïcité et congrégations :*

Le problème de la laïcité est posé à diverses reprises dans l'interpellation de juin sur la politique générale du Gouvernement et dans la discussion de l'affaire Ricklin-Rossé. Elle l'est de nouveau au cours de la crise ministérielle de novembre, dont elle a été une des causes essentielles (art. 70 et 71).

Le Groupe vote la disjonction des articles 66 et 67 de la loi de finances, anciens articles 70 et 71, que le Gouvernement entend reprendre dans le Collectif de décembre.

Frossard pose le problème le 10 janvier au cours de son interpellation. De même *Grumbach* et *Peirotes*, dans le débat sur l'Alsace-Lorraine.

Le 7 mars, *Vincent Auriol, Lafont, Renaudel* et *Frossard* interviennent dans le débat sur la procédure de disjonction des articles 33 à 43 du Collectif, le Gouvernement prenant à son compte les projets spéciaux élaborés par les commissions des Affaires étrangères et de l'Administration générale. Le 8 mars, *Locquin*, au nom du Groupe, se joint à la majorité qui refuse d'adopter le procès-verbal. Le 15 mars, M. Poincaré demande la discussion immédiate des neuf projets concernant les congrégations missionnaires. *Vincent Auriol* dénonce la manœuvre de la droite. La discussion est ordonnée par 323 voix contre 254. Le Groupe a voté contre, sauf *Fiancette*, Président de la Commission d'Administration générale, et *Paul-Boncour*, Président de la Commission des Affaires étrangères. Notons une fois ·pour toutes que *Fernand Bouisson* s'abstient dans tous les scrutins comme Président de l'Assemblée. L'après-midi, M. Jacquier pose la question préalable. Elle est repoussée par 321 voix contre 249. Le groupe a voté pour, sauf *Camboulives, Fiancette* et *Paul-Boncour*, qui se sont abstenus.

Le 19 mars, discussion générale. Exposé de *Paul-Boncour*, au ·nom de la Commission des Affaires étrangères; discours de *Frossard*, intervention de *Vincent Auriol*. Le 20, discours de *Frot*. Le 21, *Fiancette* et *Grumbach* répondent aux attaques du communiste Doriot. Interventions ·de *Frot, Bracke, Delcourt, Moutet, Gamard*. Le 22, *Frossard* déclare que le Groupe votera contre le passage aux articles, qui est voté par 334 voix contre 242. Les trois mêmes camarades s'abstiennent.

Le 26 mars, examen du projet concernant la congrégation de l'Enfant Jésus du Puy. Intervention de *Locquin* sur l'article 1er; amendement Berthod-*Grumbach* à l'article 2; sur l'article 3, interventions de *Frossard, Boncour, Lafont;* sur l'article 4, *Lafont, Frossard, Frot;* sur l'article 5, *Lafont* et amendement Berthod-*Grumbach*.

Scrutins : sur l'article 1er, adopté par 344 voix contre 231, nos trois camarades s'abstiennent. De même sur l'amendement à l'article 2 (304 voix contre 268). Sur l'article 3, adopté par 317 voix contre 1, tout le Groupe s'abstient. L'article 4 est adopté par 336 voix contre 238, nos trois camarades s'abstiennent. Sur l'amendement de Castellane à l'article 5, repoussé par 326 voix contre 219, tout le Groupe vote contre.

Le 27 mars, *Frot* et *Grumbach* interviennent sur l'article 5; *Lafont* défend un amendement à l'article 6 et intervient sur l'article 7. Scrutins : sur l'amendement Durand à l'article 5, repoussé par 323 voix contre 248, le Groupe vote pour. Nos trois camarades s'abstiennent. Sur l'amendement François-Albert à l'article 5, repoussé par 330 voix contre 244, même vote. Sur un second amendement François-Albert, repoussé par 326 voix contre 246, même vote. Sur l'amendement *Lafont* à l'article 7, repoussé par 333 voix contre 230, même vote.

L'après-midi, *Lafont* intervient sur l'article 7. *Locquin* et *Lafont* sur les articles 8 et 9; amendement Berthod-*Grumbach* à l'article 10; *Frot* et *Frossard* sur l'article 12;

observations de *Lafont;* intervention de *Frot* sur un article additionnel; *Grumbach* et *Frossard* sur l'ensemble; *Grumbach* dans les explications de vote.

Scrutins : sur l'amendement *Locquin* à l'article 9, repoussé par 312 voix contre 257, mêmes abstentions. Sur l'amendement Berthod à l'article 10, repoussé par 317 voix contre 248, *idem.* Sur l'amendement *Frot,* à l'article 12, repoussé par 317 voix contre 233, *idem.* Sur l'article additionnel de *Frot,* repoussé par 324 voix contre 232, *idem.* Le Groupe vote contre l'ensemble, les mêmes camarades s'abstiennent.

Au cours de la séance de nuit, examen du projet concernant les Pères Blancs. *Frossard* intervient dans la discussion générale, *Lafont* sur les articles 3 et 6; *Locquin* sur l'article 9. Scrutins : sur l'amendement Berthod à l'article 3, repoussé par 320 voix contre 242, mêmes abstentions : sur l'ensemble, adopté par 343 voix contre 227, *idem.*

Projet concernant les Frères Maristes. L'ensemble est adopté par 311 voix contre 244, mêmes abstentions.

Missionnaires des Sacré-Cœur et Adoration Perpétuelle (de Picpus) : l'ensemble est adopté par 334 voix contre 237, mêmes abstentions.

Frères des Ecoles Chrétiennes : ensemble adopté par 328 voix contre 244, mêmes abstentions.

Notre-Dame des Apôtres : ensemble adopté par 342 voix contre 229, *idem.*

Missions Africaines : ensemble adopté par 341 voix contre 230, *idem.*

Missionnaires du Levant : *Lafont* sur l'article 1er; ensemble adopté par 326 voix contre 243, mêmes abstentions.

Le 28 mars, projet concernant les Franciscains : *Frossard* dans la discussion générale et sur l'ensemble, adopté par 329 voix contre 242, mêmes abstentions.

Examen du projet concernant les Diocésaines : intervention de *Fiancette,* comme Président de la Commission, sur la question préalable, repoussée par 319 voix contre 245, mêmes abstentions. Le 29 mars, *Lafont* et *Fiancette,* dans la discussion générale. L'après-midi, *Fiancette, Lafont* sur articles divers et sur l'ensemble.

Scrutins : vote du passage aux articles par 327 voix contre 237, mêmes abstentions. Sur le contre-projet François-Albert, repoussé par 315 voix contre 242, *idem.* Sur l'ensemble, adopté par 331 voix contre 241, *idem.*

6° *Réforme administrative :*

Le 15 juin, *Auriol* proteste contre l'imposition d'un statut restrictif aux fonctionnaires.

Le 23 novembre, discours de *Chastanet* dans la discussion générale du budget des Finances.

Le 30 novembre, discours de *Jules Uhry*, dans la discussion générale du budget de l'Intérieur; interventions de *Marquet, Nouelle* et *Tasso* sur le chap. 21; de *Tasso* sur le chap. 38; d'*Albertin* sur le chap. 40 (fonds secrets); de *Nouelle* sur le chap. 80. Au Sénat, intervention de *Morizet* sur le chap. 25.

Le 17 janvier, *Lafaye* demande le droit syndical pour les fonctionnaires.

Grumbach et *Peirotes*, au cours du débat sur l'Alsace-Lorraine, formulent les revendications des fonctionnaires et des cheminots, et indiquent quelle réforme d'ensemble le Parti socialiste envisage dans les trois départements recouvrés.

Le 14 mars, *Uhry*, dans la discussion générale du projet Tardieu sur l'aménagement des cadres préfectoraux, montre la faillite des décrets-lois. A la Chambre et au Sénat, le Groupe vote contre.

Interventions diverses : le 20 mars, *Auriol*, sur le chapitre 83 des Finances (Collectif); *Gouin* sur le chap. 1er de la Justice. Le 21, *Gouin* sur le chap. 27 de la Marine. Le 29 mars, au Sénat, *Voilin* sur l'art. 72 du Collectif et le 30 sur l'article 74.

Le 7 mars, dans la discussion du Collectif de décembre, *Auriol* souligne l'échec de la réforme administrative.

7° *Autonomisme et Alsace-Lorraine :*

Les 14 et 29 juin, *Grumbach* demande que son interpellation soit discutée; de même dans le débat sur l'affaire Ricklin et Rossé, et dans la discussion générale du budget des services d'Alsace-Lorraine, le 9 décembre. Interventions de *Grumbach* sur les chap. 145 et 157. Le 11 janvier, intervention de *Grumbach* dans la discussion de l'interpellation Frossard.

Le 24 janvier, itnterpellation sur la politique du Gouvernement en Alsace-Lorraine. Discours de *Grumbach*. Le 29, réplique de *Grumbach* à M. Dahlet. Le 7 février, discours de *Peirotes*. Le 8, *Grumbach* défend l'ordre du jour socialiste; *Spinasse* et *Bracke* répondent à M. Paul Reynaud. La priorité en faveur de l'ordre du jour socialiste est repoussée par 303 voix contre 258. L'ordre du jour Thomson est adopté par 451 voix contre 17; le Groupe s'est abstenu.

Le 14 février, *Grumbach* demande le renvoi à la Commission d'Alsace-Lorraine du projet de loi réprimant les atteintes à l'intégrité du territoire national.

8° *Régime politique et administratif des colonies :*

Enquête électorale demandée par le Groupe en juin.

Le 30 novembre, intervention de *Nouelle* sur le chap. 80 du bugdet de l'Intérieur (crédits du centenaire de l'Algérie).

Discours de *Nouelle* dans la discussion générale du budget des Colonies.

Le 30 mars, *Lafont* explique pourquoi le Groupe ne votera pas les crédits pour le centenaire de l'Algérie.

Questions sociales.

1° *Programme d'ensemble :*

Exposé d'*Auriol* dans son discours du 15 juin.

Discours de *Louis Gros* et de *Fié* dans la discussion générale du budget du Travail.

Interpellation *Lafaye* le 17 janvier; discours de *Blancho* le 22; intervention d'*Antonelli* sur l'ordre du jour socialiste et de *Vincent Auriol.*

2° *Législation du travail :*

Le 6 juillet, *Charles Baron* et *François Lefebvre* dans l'interpellation sur la catastrophe de Roche-la-Molière.

Dans la discussion du budget du Travail, interventions de *Tasso* sur le chap. 1ᵉʳ, de *Lafaye* sur les chap. 9, 14, 15, 16 et 27; de *Louis Gros* sur les chap. 13, 24, 61; de *Luquet* sur les chap. 14 et 29; d'*Evrard* sur les chap. 18, 27, 54; de *Fié* sur le chap. 21; de *Nouelle* sur les chap. 27, 54, 61; de *Delcourt* sur les chap. 27 et 37; de *Uhry* sur le chap. 21; de *Thomas* sur le chap. 37; de *Masson* et *Richerand* sur le chap. 37 (retraites ouvrières); de *Paul Faure* et *Nouelle* sur le chap. 53 (retraites pour la vieillesse); de *Cadot* et *Goniaux* sur le chap. 54 (retraites des mineurs).

Intervention de *Lebret* dans la discussion du budget de l'Imprimerie Nationale (commandite).

Le 14 mars, question orale de *Marquet* sur l'arrestation de deux dockers à Bordeaux.

Le 22 mars, dans le Collectif, interventions de *Masson, Fié, Nouelle* sur le chap. 2 du Travail; de *Thivrier* sur le chap. 58 *bis*. Le 30 mars, *Lafont* et *Bedouce* sur le chapitre 2, retour du Sénat.

3° *Protection de l'enfance* :

Intervention de *Lebret* dans la discussion du budget de du Travail, et intervention sur le chap. 72; *Masson* sur le chap. 82.

4° *Assistance* :

Le 29 juin, dans la discussion du collectif, *Masson* et *Tasso* demandent le relèvement des diverses allocations.

Dans la discussion du budget, *Tasso* sur le chap. 1; *Ramadier* sur les chap. 33 et 34; *Chouffet* et *Goniaux* sur le chap. 61; *Masson*, *Delcourt* et *Luquet* sur le chap. 70; *Masson* sur les chap. 71, 74, 75, 76; *Delcourt* sur le chapitre 74; *Thomas* sur le chap. 76.

Intervention de *Tasso* dans la discussion du budget de la Caisse des Invalides de la Marine.

Loi de Finances : *Masson* sur les articles 82 et 82 *bis*; *Nouelle* sur les articles 82 *bis*, 84 *bis* et 94; *Chouffet* sur l'article 84; *Thomas*, *Burtin* et *Paulin* sur l'article 94.

Le 29 décembre, *Lafont* et *Barthe* sur la reconstitution des capitaux détruits par les calamités publiques en 1928.

Victimes de la guerre. Le 21 novembre, exposés de *Jules Moch* et *Burtin* dans la discussion générale du budget des pensions; *Monnet* et *Frot* sur le chap. 13. Le 24 décembre, au Sénat, *Betoulle*, dans la discussion générale et sur le chap. 12 *bis*.

Dans la loi de Finances, *Marquet* sur l'article 56 et *Bedouce* sur l'article 58 (coefficient 140 demandé par les anciens combattants pour les pensions).

Le 14 février, question orale de *Tasso* sur l'attribution de la carte du combattant.

Le 19 février, question orale de *Rivière* sur les lenteurs apportées à la liquidation des dossiers de pensions.

Le 5 mars, *Albertin* et *Frot* enregistrent la capitulation du Gouvernement sur le coefficient 140, refusé en décembre.

Le 22 mars, dans le Collectif, interventions de *Thomas* sur le chap. 2 des Pensions; *Deguise* sur le chap. 9; *Sixte-Quenin* sur le chap. 18.

5° *Hygiène et fléaux sociaux* :

Discours de *Fié* dans la discussion générale du budget du Travail. Interventions de *Tellier* sur le chap. 83; *Barthe* sur le chap. 108; *Fié* sur les chap. 116 et 120; *Chouffet* et *Lebret* sur le chap. 116; *Masson* sur le chap. 129.

Le 9 décembre, *Fié*, dans la discussion du budget de l'Imprimerie Nationale.

Le 7 décembre, au Sénat, intervention de *Morizet* sur la cession d'hôpitaux militaires à la Ville de Paris, et le 24 sur le chap. 63 du budget de la guerre.

Le 15 janvier, question orale d'*Andraud* sur les scandales de Saint-Nectaire.

6° *Logement* :

a) Loyers. — Les 5 et 6 juillet, *Luquet,* soutenu par *Uhry,* défend sa proposition de loi ajournant l'échéance prévue pour le 1ᵉʳ juillet. La proposition est repoussée.

Le 14 février, *Luquet* s'élève contre tout ajournement de la discussion sur la nouvelle loi des loyers.

Le 26 février, intervention de *Luquet* contre la thèse des propriétaire. Le 28 février, discours de *Luquet,* qui expose le contre-projet socialiste. Le 1ᵉʳ mars, discours de *René Rucklin* contre le retour au droit commun. Interventions de *Rucklin, Rognon, Fiancette, Luquet, Monnet.*

Le 5 mars, *Tasso* dans la discussion générale; *Luquet* soutient le contre-projet socialiste, qui est repoussé par 439 voix contre 117, dont celles des communistes. Le Groupe vote ensuite le contre-projet communiste, repoussé par 442 voix contre 119. L'après-midi, *Luquet* intervient contre le projet Brun, contre la motion Drouot, présente un amendement au paragraphe 1ᵉʳ, qui est repoussé par 433 voix contre 127.

Le 7 mars, intervention et amendement de *Luquet,* repoussé à mains levées; explications et précisions de *Gouin* sur le retour au droit commun. Le 9 mars, nouvelle intervention de *Luquet.* Le 12 mars, *Luquet* et *Uhry.* Le 5, la prorogation est reportée au 1ᵉʳ juillet.

b) Loi Loucheur. — Le 24 juin, *Bedouce* propose qu'un milliard soit consacré à remédier à la crise du logement, par prélèvement sur la redevance de la Banque de France.

Au cours de la discussion sur la loi Loucheur, le 3 juillet, interventions de *Jules Uhry, Marquet, Antonelli,* qui défend le contre-projet socialiste. Après son rejet, interventions de *Luquet, Fiancette, Uhry, Delcourt, Auriol, Bedouce, Ramadier, Lafont, Boutet, Goujon.* Le Groupe vote le projet.

Le 7 juillet, interventions au Sénat de *Betoulle* et de *Morizet.* Le 9 juillet, nouvelles interventions de *Lafont, Bedouce* et *Luquet.* Vote définitif de la loi.

Amendement *Uhry* à l'article 99 de la loi de Finances (prestations en nature).

Le 20 décembre, discussion des interpellations sur l'application de la loi Loucheur : discours de *Luquet* et *Jules Uhry.* Interventions de *Tasso, Luquet, Nouelle, Uhry.* La

Chambre vote à mains levées l'ordre du jour pur et simple.

Le 29 mars, au Sénat, intervention de *Morizet,* sur l'article 22 du collectif (démolitions d'immeubles). Le 30, il demande la disjonction de l'article 25.

Questions agricoles.

1° *Programme d'ensemble :*

Discours de *Vincent Auriol* le 15 juin.

Discours de *Monnet* et de *Chastanet* dans la discussion générale du budget de l'Agriculture le 16 novembre.

2° *Crédits :*

Le 24 juin, proposition de résolution *Bedouce,* qui prévoit un milliard pour l'Agriculture, prélevé sur la redevance annuelle de la Banque de France à l'Etat. Le 3 juillet, sous la pression socialiste, le Gouvernement porte à 500 millions la dotation du Crédit agricole.

Le 6 juillet, le Groupe vote le projet qui accorde 110 millions de crédits supplémentaires pour l'électrification des campagnes.

Dans la discussion du budget de l'Agriculture, *Vincent Auriol* demande le renvoi du chap. 23 et un emprunt de 1 milliard pour l'agriculture. Le chap. est réservé. Dans la loi de Finances, *Auriol* reprend la question sur l'article 88 *quater.* Le projet socialiste est rejeté, mais une avance de 500 millions est accordée aux communes.

Interventions dans la discussion du budget de l'Agriculture : *Burtin,* dans la discussion générale ; *Héliès* et *Burtin* sur le chap. 1; *Barthe* sur les chap. 8, 54, 75, 77 et 101; *Thivrier* sur le chap. 9; *Monnet* sur le chap. 19: *Chastanet* sur les chap. 9 et 24; *Lafont* sur les chap. 25, 26, 74 et 93; *Rivière* sur le chap. 26; *Hymans* sur les chap. 35 et 77; *Lafaye* sur le chap. 63; *Thomas* sur les chap. 76, 77 et 95; *Chouffet* et *Bracke* sur le chap. 77; *Cotin* sur le chap. 95; *Fié* sur le chap. 101 (politique forestière socialiste); *Lafont* sur le chap. 9, réservé.

3° *Dégrèvements :*

Dans la discussion de la loi de finances, divers allègements fiscaux sont demandés en faveur des cultivateurs : par *Thomas* sur l'art. 3; *Lafont* et *Paul Constans* sur l'article 5; *Lafont* et *Monnet* sur l'art. 7; *Lafaye* sur l'art. 9; *Lafont* sur l'art 9 *bis; Burtin* sur l'art. 18; *Barthe* et *Monnet* défendent à l'art. 18 les coopératives agricoles. Le Groupe vote sur l'article 7 l'amendement Triballet, qui dégrève la cédule agricole.

Locquin le 22 mars sur l'article 23 du Collectif (forêts domaniales).

4° *Législation rurale* :

a) Assurances. — Le 18 décembre, au Sénat, *Brenier* et *Reboul* posent la question des assurances sociales obligatoires pour l'agriculture.

L'article 88 *septies* de la loi de finances amène une première intervention de *Lafont*, puis, au retour du Sénat, le 30 décembre, un exposé de *Vincent Auriol* sur l'assurance obligatoire contre les calamités agricoles. Intervention de *Paul Constans*. Un projet est déposé par le Groupe.

Le 14 février au Sénat, *Reboul* réclame l'application sans retard des assurances sociales au monde rural.

b) Mesures diverses. — Chaque fois qu'il a été question de la crise du logement (Loi Loucheur), le Groupe a énergiquement défendu les intérêts des ruraux.

Grumbach et *Peirotes* dans le débat sur l'Alsace-Lorraine, présentent les revendications des cultivateurs.

Lafont et *Chouffet* sur l'article 69 *bis*, demandent une permission d'un mois pour les agriculteurs sous les drapeaux. Intervention de *Rauzy* sur l'art. 126 (électrification).

Le 17 janvier, *Lafaye*, dans son interpellation, énumère les réformes sociales que nous réclamons pour les travailleurs de l'agriculture.

c) Enseignement. — Voir discours de *Monnet* et *Chastanet*.

Le 22 décembre, *Brenier* plaide au Sénat pour l'emploi du cinéma agricole.

d) Cours commerciaux et tarifs. — Le 11 décembre *Jules Moch*, dans la loi de finances, article 20, proteste contre les tarifs excessifs de transports des engrais.

Le 15 janvier, *Luquet* intervient sur le prix du lait. *Chastanet* préconise la lutte contre les intermédiaires.

Le 8 février, *Payra* parle sur la date de son interpellation au Ministre du Commerce (tarif douanier des mistelles et vins de liqueur).

Le 15 février, *Monnet* parle sur la date de son interpellation sur les prestations en nature (affaire Polier).

Le 21 février, *Hymans* pose une question orale sur le manque à livrer de scories de déphosphoration et la hausse du prix de ces engrais.

Le 22 février, *Chastanet* développe son interpellation sur la politique commerciale du Gouvernement en ce qui concerne l'agriculture; il dénonce les spéculateurs de la

Bourse du Commerce. Interventions d'*Auriol*, *Luquet* et *Monnet* sur l'ordre du jour.

Questions économiques.

1° *Programme d'ensemble :*

Discours de *Vincent Auriol* le 15 juin. Intervention de *Bedouce* et de *Jules Moch* le 24 juin dans le débat sur la stabilisation.

Le 16 novembre, discours de *Spinasse* dans la discussion générale du budget du commerce.

Le 1er décembre, discours de *Jules Moch* et *Evrard* dans la discussion générale du budget des Travaux publics.

2° *Travaux publics :*

a) Régions libérées. — Le 29 juin, *Evrard*, *Delcourt* et *Goniaux* dans le Collectif.

Le 20 novembre, *Delcourt* dans la discussion générale du budget des R. L. et sur le chap. 25.

Dans la loi de finances, *Deguise* sur l'article 142, et *Monnet* sur l'article 143.

Le 22 mars, *Deguise* sur le chap. 20 des R. L. dans le Collectif de décembre,

b) Mines. — Budget des Travaux publics. *Goniaux* sur chapitre 9; *Ramadier* sur chap. 14.

Le 14 mars, question orale de *Boutet* sur la recherche des richesses du sous-sol.

c) Transports et voies de communication. — Le 6 juillet *Jules Moch* contre la création d'un organisme d'études pour le Transsaharien.

Le 24 novembre, *Ramadier*, dans la discussion générale du budget des Conventions. *Rauzy* sur le chap. 106.

Jules Moch et *Evrard* dans la discussion générale du budget des T. P. Interventions de *Marquet*, *Chastanet*, *Lebret* sur le chap. 5; *Gounin* sur le chap. 36. Au Sénat, *Brenier* sur les chap. 34, 87 et 66.

Sur le chap. 27 *bis* du budget de l'Intérieur, sur l'article 20 *quater* de la loi de finances, *Bedouce* expose, comme rapporteur, sa politique des routes. Interventions de *Bedouce* et *Lafont* sur les articles 20 *bis*, 20 *ter* de la loi de finances; de *Bedouce* sur le chap. 20 *quater* et sur le chap. 79 du budget des T. P. (Cantonniers).

Le 22 mars, dans le Collectif, interventions de *Bedouce* sur le chap. 66; *Lafont* sur le chap. 77; *Nouelle* sur le chapitre 82; *Jules Moch* sur le chap. 108 *bis*; *Rauzy* sur le chap. 111 des T. P.

d) Marine marchande. — Discours de *Tasso* dans la discussion générale; interventions d'*Auguste Raynaud* sur le chap. 1er, de *Masson* sur les chap. 6 et 22, de *Tasso* et *Chommeton* sur les chap. 22.

Le 22 novembre, question orale d'*Albertin* sur le naufrage d'une drague.

3° *Commerce* :

Le 24 juin, interventions de *Bedouce* et *Jules Moch*. Dépôt en novembre de la proposition sur la reévaluation des bilans, rédigée par *Ramadier*.

Discours de *Spinasse* et *Ramadier* dans la discussion générale du budget du Commerce. Interventions de *Barthe* (fraudes). *Tasso* sur le chap. 18, *Lafont* sur le chap. 22.

Le 15 janvier, interventions de *Chastanet* dans la discussion en vue de la modification des droits de douanes sur les céréales panifiables.

Le 22 janvier, interpellation sur la politique commerciale du Gouvernement : *Chastanet* et *Monnet*.

P. T. T. — *Lafont* rapporteur. Le 8 décembre, discours de *Février*, interventions de *Lafont* sur les chap. 1, 2, 5, 12; de *Barthe, Février, Calvet, Masson* sur le chap. 1; de *Février* sur les chap. 5 et 12; *Burtin* sur le chap. 8; *Barthe* sur le chap. 12; *Sizaire* sur le chap. 13.

Le 28 décembre, intervention de *Bedouce* sur le régime des colis postaux.

4° *Mise en valeur des Colonies* :

Discours de *Nouelle* le 3 décembre dans la discussion générale du budget des Colonies.

Questions financières.

1° *Programme d'ensemble* :

Discours d'*Auriol* le 15 juin, de *Bedouce* le 24 juin, d'*Auriol* le 15 novembre.

Le 8 décembre, *Auriol* sur la méthode de discussion budgétaire. Discours de *Reboul* au Sénat le 21 décembre. Déclaration d'*Auriol* sur l'ensemble du budget. Le 15 février, *Lafont* et *Bedouce* sur la date des interpellations prévues. Le 7 mars, discours d'*Auriol*, en réponse à M. Chéron, sur la politique financière du Gouvernement.

2° *Stabilisation* :

Auriol pose la question le 15 juin. Le 24 juin, *Auriol* situe les responsabilités et dénonce les conventions avec la Banque de France. Interventions d'*Antonelli* sur l'article

1ᵉʳ, de *Bedouce* sur l'article 13 (redevance de la Banque) et de *Jules Moch* (réévaluation du bilan).

Le Groupe vote l'article 1ᵉʳ, qui consacre le retour à l'étalon or. *Auriol* explique pourquoi le Groupe ne peut sanctionner la politique du Gouvernement en votant l'ensemble. Le Groupe s'abstient.

A la rentrée de novembre, dépôt du projet *Ramadier* sur la réévaluation des bilans (aide aux victimes de la stabilisation).

3° *Fiscalité :*

Le 29 juin, dans le Collectif, *Auriol* et *Tasso* sur la taxe unique à la production.

Action vigoureuse des socialistes à la commission des finances avant la rentrée de novembre.

Discours de *Reboul* au Sénat le 21 décembre.

René Brunet sur l'article 2 de la loi de finances (impôt sur le revenu), *Auriol.*

Auriol et *Lafont* sur l'art. 4 (amendement sur les bénéfices industriels et commerciaux).

Rivière sur l'article 18 *ter* (taxe à la production).

Outre les interventions sur dégrèvements en faveur de l'Agriculture, interventions sur la loi de finances :

Nouelle, articles 4 *bis* et 16 *ter; Goniaux*, art. 4 *bis; Lafaye*, 4 *bis; Ramadier*, art. 3, 3 *bis* et 10; *Lafont*, 3 *bis*, 16 *ter* et 19; *Ravanat*, art. 17; *Jules Moch*, art. 20; *Auriol*, art. 75 *bis.* Le Groupe vote la disjonction de l'article 3 réservé, en faveur des petits commerçants (repoussé).

Après déclaration d'*Auriol*, le Groupe vote contre l'ensemble du budget.

Interventions au Sénat de *Dherbécourt* sur l'article 4 *ter*, 15 *ter* et 16 *ter; Morizet* sur l'art. 15 *ter; Reboul* sur l'art. 10 *ter.* Le Groupe vote contre l'ensemble.

Intervention de *Constans* sur l'art. 28 *bis*, retour du Sénat.

Le 22 mars, dans le Collectif de décembre : *Lafont* sur l'art. 22; *Bedouce* sur l'art. 22 *bis.* Le 23 mars, *Lafont* sur les art. 28, 29, 38, 66, 73, 82 et 104 *quater; Barthe* sur l'art. 40; *Hymans* sur l'art. 41; *Monnet* sur les art. 76 et 104 *quater; Spinasse* sur l'art. 88. Le 28 mars, au Sénat, *Reboul* sur l'art. 80. A chaque navette, les deux groupes votent contre l'ensemble. Le 30 mars, le Groupe du Sénat vote contre l'ensemble du Collectif de mars.

Le 30 mars, *Lafont*, dans la discussion générale du Collectif retour du Sénat et sur les art. 67 et 86; *Bedouce* sur l'art. 80. Dernière intervention de *Lafont* sur les art. 67 et 72. Dernier vote contre l'ensemble.

Réforme des impôts locaux demandée par *Grumbach* et *Péiroles* au cours du débat sur l'Alsace-Lorraine.

Fraudes.

Sur le chap. 220 du budget des Finances, *Auriol* dénonce la fraude de 100 millions d'une société hollandaise.

Chouffet dénonce, le 14 mars, la fraude fiscale commise grâce au régime de l'adoption.

4° Fonctionnaires :

Les 25 et 30 juin, *Lafont* et *Renaudel* pour la rétroactivité.

Le 6 juillet, interpellation *Rognon* sur les salaires des cheminots.

Le 23 novembre, discours de *Chastanet, Goude* et *Février*, dans la discussion générale du budget des Finances. *Albertin* sur le chap. 192; *Goude* sur les chap. 194 et 195; *Barthe* sur le chap. 196.

Loi de Finances. Lafont et *Luquet* sur l'art. 60 (500 millions); *Jules Moch* sur l'art. 133 (cheminots), interpellation déposée.

Le 20 mars, Gouin sur le chap. 1er de la Justice dans le Collectif.

Le 29 mars, au Sénat, *Voilin* sur l'art. 45 du Collectif (pensions civiles).

5° Protection de l'Epargne :

Le 4 décembre, *Chastanet* sur la date de son interpellation concernant la protection de l'épargne publique.

Le 15 février, *Monnet* pose la question à propos de l'affaire Polier.

Le 8 mars, *Chastanet* développe son interpellation. Interventions de *Vincent Auriol, Bracke, Baron.*

Dépôt par le Groupe d'un grand projet sur la protection de l'épargne (réglementation de la Bourse, des sociétés et des banques).

Le 20 mars, *Auriol* sur l'art. 96, *Lafont* sur les art. 96 et 191, réclamant le contrôle des banques.

Questions d'enseignement.

1° Défense laïque :

Voir débat sur l'Alsace-Lorraine.

En novembre, question orale de *Gounin* sur l'utilisation d'un local scolaire pour la messe.

Le 23 novembre, *Cotin*, sur le chap. 1er du budget de l'Instruction publique.

2° Réformes :

a) d'ensemble.

Auriol dans son discours du 15 juin pose le principe de l'égalité des enfants devant l'instruction.

Le 23 novembre, discours de *Bracke* dans la discussion générale du budget de l'I. P.

Lafaye dans son interpellation du 17 janvier.

b) partielles.

Le 24 juin, *Cadot* dans le Collectif (constructions scolaires).

Le 27 juillet, *Bedouce* (Cité universitaire). Le Groupe vote les crédits pour l'organisation de l'éducation physique.

Le 23 novembre, budget de l'I. P. *Bracke* et *Gardiol* dans la discussion générale; *Locquin* sur les chap. 69 et 84; *Moch* sur les chap. 80 et 84; *Bracke* sur le chap. 80; *Héliès* sur le chap. 101; *Burtin* sur les chap. 101 et 122; *Rucklin* sur le chap. 105; *Chastanet* sur les chap. 111, 125 et 150; *Rémy Roux* sur les chap. 125 et 131; *Cadot* sur les chap. 131 et 135.

Loi de finances. Intervention de *Frot* sur l'art. 73 (gratuité du secondaire); *Tellier* réplique à M. Augagneur; *Goujon* et *Cadot* sur l'art. 116.

Au Sénat, budget de l'I. P. : *Brenier* sur les chap. 25, 104 et 112; *Morizet* sur le chap. 76. Loi de finances : *Dherbécourt* sur l'art. 31.

Le 22 mars, *Nouelle* sur le chap. 138, de l'I. P. dans le Collectif.

Beaux-Arts. — *Locquin*, rapporteur. *F. Gouin* sur l'art. 233; *Nouelle* sur l'art. 230; *Lafont* sur les art. 230 et 233; *Bedouce* sur l'art. 240; *Rognon* sur l'art. 257.

Enseignement technique. — *Spinasse*, rapporteur. Discours de *Thomas* le 7 décembre dans la discussion générale; *Uhry* sur le chap. 167; *Lebret* sur l'art. 177; *Delcourt, Hubert-Rouger, Février* sur l'art. 183; *Paulin* sur les art. 183 et 187; *Laville* et *Blancho* sur l'art. 119 de la loi de finances (orientation de l'Enseignement technique).

Questions militaires.

1° *Armée :*

Les 28 et 29 juin, dans le Collectif, *Renaudel* et *Lafont* s'élèvent contre les crédits de l'armée du Levant et du Maroc. Le Groupe vote contre.

Sur le chap. 209 du budget de la Guerre, *Sixte-Quenin* contre le mandat syrien et les crédits : demande de renvoi repoussée. Abstention de *Paul-Boncour*.

Le 21 mars, *Sixte-Quenin* sur le chap. 142 de la Guerre dans le Collectif s'élève contre les crédits du corps d'occupation en Chine (repoussé par 348 voix contre 244).

Le 28 novembre, budget de la Guerre. *Renaudel* et

Grumbach contre les communistes; le 29, discours de *Renaudel*, intervention de *Mistral* et *Thomas*. Sur le chapitre 1er, *Renaudel* demande le renvoi du budget à la Commission. Intervention de *Bracke* : la suspension de séance est repoussée par 388 voix contre 189.

Interventions de *Marquet* et *Tasso; Burtin* sur les articles 15, 20 et 50; *Marquet* sur les art. 15 et 52; *Nouelle* sur les art. 15 et 32; *Tricotteaux* sur l'art. 15; *Chastanet* sur les art. 17, 28; *Constans* sur l'art. 17; *Rivière* sur les articles 17, 28; *Mistral* sur l'art. 20; *Thivrier* sur l'art. 24; *Thomas* sur l'art. 27; *Baron* sur l'art. 28; *Lebret* sur l'article 28; *Sérol* sur les art. 39 et 59; *Renaudel* sur l'art. 39; *Bedouce* sur l'art. 39; *Sixte-Quenin* sur l'art. 41; *Morin* sur l'art. 45.

Au Sénat, intervention de *Betoulle* sur les chap. 22 et 30; *Brenier* sur les chap. 23 et 45; *Morizet* sur le chap. 63.

Budget des Poudres : Discours de *Gouin* et *Baron*. Sur le chap. 1er, *Gouin* et *Lafont*.

Question de la réduction des armements posée dans le débat sur le pacte Kellog.

Affaires de Rhénanie : Le 5 mars, *Barthe* a la parole sur la date de son interpellation. Interventions de *Hymans* et *Vincent Auriol*. Le 12 mars, interventions de *Barthe* et *Auriol*. Discussion remise au vendredi. Le 15 mars, discours de *Barthe*, intervention de *Ramadier, Chastanet, Auriol*. Séance de nuit : intervention de *Barthe; Renaudel* sur l'ordre du jour socialiste. Le Groupe vote l'ordre du jour pur et simple repoussé par le Gouvernement.

Le 4 mars, *Lafont* et *Barthe* sur les crédits relevant la prime d'alimentation de l'armée.

2.° *Marine militaire :*

Le 6 décembre, discours de *Goude* et de *A. Raynaud* dans la discussion générale du budget. *Goude* sur les chapitres 1er, 11, 23; *Gounin* sur le chap. 11.

Le 15 janvier, débat sur la seconde tranche du programme naval. Discours d'*A. Raynaud*, qui répond à M. Leygues. Le 14 mars, le Groupe du Sénat vote contre les crédits..

Le 21 mars, dans le Collectif, interventions sur les chapitres de la Marine : *Renaudel* sur les chap. 2 et 12; *Gounin* sur le chap. 27.

3° *Aéronautique :*

Renaudel, rapporteur. Discussion générale : *Grumbach* contre Doriot. Discours de *Gamard*. Attaque violente de M. Paul Reynaud contre *Renaudel*. Réplique de *Renaudel*.

Interventions de *Hubert-Rouger* et *Paulin; Paulin* et *Moch* sur le chap. 7; *Gamard* sur le chap. 51.

Scrutins : sur le chap. 6-*bis* (dépenses secrètes, 2 millions), *Renaudel* est autorisé à s'abstenir; le Groupe vote contre. Sur l'amendement *Gamard* au chap. 51, *Renaudel* est autorisé à voter contre.

Questions internationales.

Le 15 juin, *Auriol* demande l'évacuation de la Rhénanie.

Le 9 juillet, *Uhry* demande des garanties sur l'emprunt roumain.

Le 4 décembre, dans la discussion générale du budget des Affaires étrangères, *Paul-Boncour* réplique à Cachin; discours de *Bracke; Locquin* sur le chap. 36.

Le 24 décembre au Sénat, lors du discours de M. de Jouvenel, M. Painlevé a l'air de désavouer *Boncour* en tant que délégué de la France à Genève. *Renaudel* dépose une interpellation.

Le 15 janvier, à propos du programme naval, *A. Raynaud* en évoque les répercussions internationales.

Le 24 janvier et les jours suivants, *Grumbach* et *Peirotes* montrent l'aspect international de l'autonomisme.

Le 21 février, *Paul-Boncour* insiste pour que la discussion sur le pacte Kellogg vienne le mardi.

Le 26 février, débat sur le pacte Kellogg. Le 28, discours de *Renaudel* et de *Paul-Boncour*, comme Président de la Commission des Affaires étrangères. Le 1er mars, discours de *Paul Faure*. Le Groupe vote la ratification du pacte.

Voir débat sur les congrégations missionnaires (propagande française à l'étranger).

Le 21 mars, *Sixte-Quenin* proteste contre les crédits pour le corps d'occupation en Chine.

Questions municipales.

Le 7 juillet, dans le Collectif, *Marsais* pose la question des zoniers.

Les orateurs socialistes, notamment *Uhry*, étudient les répercussions de la loi Loucheur du point de vue municipal; de même dans le budget du Travail, pour les questions d'assistance, dans le budget de l'Intérieur, des T. P., de l'I. P., et dans la loi de fiuances (entre autres la question des chemins vicinaux et des avances aux communes rurales).

Débat sur l'Alsace-Lorraine (évocation des questions d'impôts et d'administration communale en Alsace).

Le 14 février, *Luquet* souligne la responsabilité de la C. P. D. E. dans les pannes d'électricité.

Le 26 février, le Sénat examine le projet Tardieu, qui porte à six ans le mandat municipal. *Betoulle* combat énergiquement le projet. L'art. 1er est adopté par 280 voix contre 7. *Betoulle, Fèvre, Giraud, Leclerc* et *Voillot* ont voté contre. Les autres sénateurs socialistes ont voté pour. *Morizet* obtient que le mandat des conseillers généraux de la Seine soit également porté à six ans.

Le 30 mars, à la Chambre, *Gamard* pose la question préalable. *Fiancette*, Président de la Commission d'Administration générale, la combat. Intervention de *Grumbach*. 387 voix contre 187; *Fiancette* s'est abstenu.

Discussion générale; *Fiancette* et *Ramadier*. Sur l'article 1er 376 voix contre 182. Tout le Groupe a voté contre.

MARCEL DÉAT,
Secrétaire administratif du Groupe
socialiste au Parlement.

TABLE DES MATIÈRES

L'ÉMANCIPATRICE. 3, RUE DE PONDICHÉRY, PARIS (XV°) — 15.476-4-29

JAURÈS (Jean). — Discours à la Jeunesse.................... 0 65
    — Bernstein et l'évolution de la méthode socialiste...... 0 65
JAURÈS et LAFARGUE. — Idéalisme et Matérialisme.......... 1 15
KAUTSKY. — L'Internationale et la Russie des Soviets...... 1 15
LEVY (Gaston). — Socialisme et relations internationales...... 1 15
LEVY (L.) et BOUYER. — Pour les Jeunes..................... 0 65
MARX (Karl) et ENGELS. — Manifeste du Parti communiste.. 0 65
LAFARGUE. — Le Communisme et l'évolution économique.... 0 65
LEBAS. — Les Assurances sociales en France et le Parti socia-
    liste 0 50
    — Sur l'ordre de Moscou, comment les communistes ont
        brisé l'unité 0 50
    — Lois sur les Conseils généraux et l'action socialiste
        dans ces assemblées 1 50
LUXEMBOURG (Rosa). — La Révolution russe................. 0 80
MISTRAL et PAUL-BONCOUR. — Le Désarmement général.... 1 75
MOCH (J.). — Le Parti socialiste et la question financière 3 25
PLEKANOFF. — La Conception matérielle de l'Histoire 1 25
RENAUDEL (Pierre). — Pour un Programme d'action........ 0 65
WELLS (H.-G.). — Cette misère des souliers................. 0 65

CHANSONS DIVERSES

L'Internationale. — Le Drapeau rouge. — Les Coquelicots. —
    L'Insurgé. — La Marche du Premier Mai. — La Complainte
    du Prolétaire (L. Roland), le cent 10 fr. ; l'exemplaire........ 0 15

MÉDAILLES-BRELOQUES

De Jaurès, vieil argent et doré........................... 2 »
De Guesde, vieil argent et doré........................... 1 50
Épingles de cravates de Guesde et Jaurès.................. 1 50
                (Prix spécial en nombre.)

DRAPEAUX ET INSIGNES à prix modérés

CARTES POSTALES

de Guesde, Jaurès, Vaillant, Sembat, Bebel, Karl Marx, Lieb-
    knecht, B. Malon, Inghels, Luxembourg, Léon Blum,
    Paul Faure, Renaudel, Bracke, Sévérac, Vincent Auriol.. 0 15
    La série de douze, 1 fr. 50; les cinquante, 5 fr. 50;
        le cent, 10 francs; le mille, 80 francs.
Carte postale Jaurès, tirée sur soie artistique................ 2 15

PORTRAITS ARTISTIQUES

de Guesde et Jaurès 50×43 .... 3 25
    27×37 simili sur papier crème 1 80
de Matteotti, en couleur, 50×34 .... 5 45
Portrait artistique 50×60, agrandissement photo (plus port
    et emballage) .... 200 »
Buste bronze, haut 0 m. 32 : 80 francs; haut 0 m. 64.......... 500 »
                (Port et emballage en sus.)

ÉGLANTINES

Le cent franco : 10 fr.; les cinq cents : 45 francs; le mille. 80 »
Tracts pour adhésions : le mille, franco.................... 32 »
Affiches passe-partout : le cent, 1/4 col. 11 fr. 50; 1/2 col..... 18 »
Coquelicots : le cent, 8 francs; le mille.................... 70 »

Imp. PATY et Cie, 5, RUE DE PONDICHERY, PARIS (XVe) — 15476-4.29

BIBLIOTHEQUE NATIONALE

SERVICE DES NOUVEAUX SUPPORTS

58, rue de Richelieu, 75084 PARIS CEDEX 02 Téléphone 266 62 62

Achevé de micrographier le · 5 / 9 / 1977

Défauts constatés sur le document original

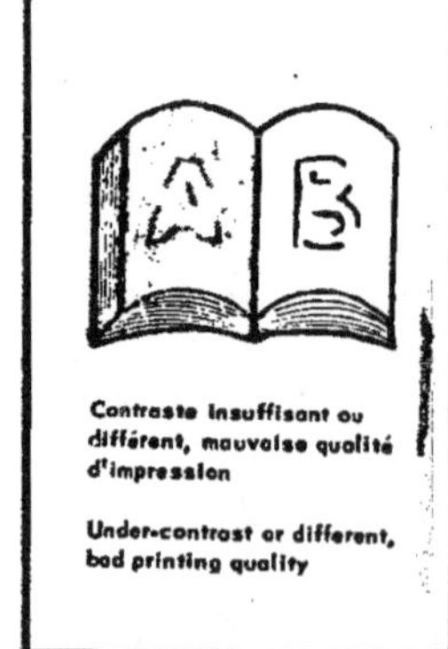

www.ingramcontent.com/pod-product-compliance
Lightning Source LLC
LaVergne TN
LVHW050622060726
842527LV00004B/1154